知らないと恥ずかしい常識な英語500問

あなたの実力チェックと、英語力アップが同時にできる本

ディビッド・A・セイン＋長尾和夫

KAWADE夢新書

河出書房新社

常識レベルの英語力を
確実にアップさせるために——はじめに

　英語にも一般常識として押さえておきたいレベルがあります。日本人として、最低限、知っておくべき日本語のレベルがあるように。

　そんな「常識な英語」をテスト形式でまとめたのが本書です。

　ふだん英語に接している人も、そうでない人も、これくらいは知っていなければ、いまの時代、ちょっと辛いだろうという厳選約500問を用意しました。

　問題には、会話から読解、文法、慣用表現、単語まで、英語でコミュニケーションをとるうえで、基本となる表現をふんだんに盛り込み、「使える英語」を習得できるように配慮しています。

　教科書には載っていないが、ネィティブがよく使う、ぜひ覚えておきたい表現や、逆に誰もが習っているはずなのに、多くの人が苦手としている構文の問題などもとりあげました。

　問題を解いて自分の英語力を試しつつ、解説を読んで実力アップができる。効果的に英語を学びたい人のための最適な1冊ができたと自負しています。

　通勤電車で、あるいは休み時間に、いつでもトライしてください。

　500問解き終えたころ、あなたの苦手意識は、すっかり克服されているでしょう。

ディビッド・A・セイン
長尾和夫

「知らないと恥ずかしい常識な英語500問」／目次

Level 1 —— 間違うようでは笑われる
超基本の常識英語をチェック！——5

Section 1 ～10

Level 2 —— これだけは押さえておきたい
必要不可欠の常識英語をマスター！——67

Section 1 ～11

Level 3 —— さらなる実力を身につける
応用自在の常識英語をトレーニング！——135

Section 1 ～11

本文イラスト●山口三男

【本書の特色】

- Level 1 から Level 3 までの3部構成となっている。Level 1 は絶対に押さえておきたい超常識英語。Level 2、Level 3 と進むにつれ、徐々にステップアップできるようにした。
- Level 1 は10、Level 2、Level 3 は各11の Section によって構成、合計32の Section から成る。
- 各 Section は3択問題6問、単語問題10問から成り、計512問が収録されている。
- 3択問題には「文法」「英文読解」「日常会話」「生活英語」「慣用表現」の5つのジャンルを設けた。「日常会話」問題は、ネイティブが家族や友人などを相手に、毎日のように使う日常的な表現を集め、「生活英語」問題では、社会に出て生活するうえで欠かせない表現を扱う。

Level 1 ──間違うようでは笑われる
超基本の常識英語をチェック！

英語を学ぶ人へ贈る言葉

You will never find time for anything. If you want time, you must make it.

なにかをする時間は見つけるものではない、作りだすものである。　Charles Buxton（チャールズ・バクストン）

Anyone who has never made a mistake has never tried anything new.

失敗したことのない人は、新しいことに1つも挑戦しなかった人である。

　　Albert Einstein（アルバート・アインシュタイン）

Diligence is the mother of good luck.
勤勉は幸運の母である。
　　Benjamin Franklin（ベンジャミン・フランクリン）

Section 1

問題 1
▶日常会話

道端で知り合いのネイティブに "Hi!" (やあ) と声を掛けられました。これに対する返事として、もっともふさわしいものは、つぎのうちどれでしょうか。
(1) Fine, thank you.
(2) Hello!
(3) Hi!

問題 2
▶慣用表現

野球が大好きなネイティブの仲間たちと野球談義を交わしていたときのこと。あるネイティブが I'm a die-hard Yankees fan. と言いました。この文の意味としてふさわしいものはどれでしょうか。
(1) 根っからのヤンキース・ファン
(2) にわかヤンキース・ファン
(3) アンチ・ヤンキース

問題 3
▶英文読解

つぎの英文はある場所のことを述べたものです。その場所を選択肢から1つ選びなさい。

a room that is in almost every house and used for cooking
(1) dining room
(2) kitchen
(3) lavatory

【問題1の答】 (2)

　確認しておきたいのは、Hi! が「やあ！」という意味だということ。それなのに、(1)の「元気です、ありがとう！」と返したら変ですね。

　また、(3)の Hi! については「間違い」というわけではないのですが、じっさいのやりとりでは、相手から Hi! と言われたら、そのままオウム返しに Hi! と言うのではなく、Hello. と返す。逆に、Hello. と言われたら、Hi. と返すというふうに、相手とは違う言葉であいさつを交わすのが自然です。

　その方がリズミカルだし、「義務的にあいさつを返している」という印象もぬぐえるからです。

【問題2の答】 (1)

　"Die Hard"（「ダイ・ハード」）というタイトルの映画を思い出した方もいるでしょう。この映画の主人公は、どんなことが起こっても、なかなか死なない人物でしたね。

　die-hard という語は「なかなか死なない」「なかなか変わらない」「頑固な」「最後まで意地を張り通す」という意味の言葉です。

　したがって正解は(1)の「根っからのヤンキース・ファン」ということになります。

【問題3の答】 (2)

　a room that is in almost every house and used for cooking という問題文の全訳は「ほとんどの家にあって料理に使う部屋」となります。つまりキッチンについての記述です。(3)の lavatory は洗面所の意。

問題 4 ▶文法

選択肢のなかから下線部に入る語句を選び、「トムがそのことを話してくれたって、ジェーンが言ってたよ」というセンテンスを完成させなさい。時制に注意し、正しい選択肢はすべて選んでください。

Jane said that Tom ＿＿＿＿＿ her about it.

(1) had told
(2) told
(3) have told

問題 5 ▶日常会話

つぎの日本文と同じ意味になる英文はつぎのうちのどれでしょうか。

「ロード・オブ・ザ・リングを見ていたのかい？」

(1) Were you looking at *the Lord of the Rings*?
(2) Were you watching *the Lord of the Rings*?
(3) Were you seeing *the Lord of the Rings*?

問題 6 ▶生活英語

ファストフードショップで「持ち帰りにしてください」と英語で言いたい。正しい表現はどれでしょうか。

(1) To go.
(2) For here.
(3) To stay.

【問題4の答】 (1)と(2)

　この文の主節は過去時制ですが、that 以下の「トムがそのことを話してくれた」のは、その時点よりさらに過去にさかのぼります。このような場合には(1)のように過去完了形をもちいて had told とするのが文法的な見地から見た正解です。ただし、じっさいの会話ではたいてい、**ネイティブは過去完了の代わりに過去形を使う傾向にあります**ので、(2)の told も正解となります。had told をもちいた方が、知的な感じになります。

【問題5の答】 (2)

　テレビやスポーツの試合など、**流れのあるものをずっと見続けるときは、動詞として watch を使う**のが正解。look は「目を向けてみる」、see は「目に映る、見える」というニュアンス。

【問題6の答】 (1)

　正解は(1)の To go. です。(2)と(3)はどちらも店内で食べるときに使うフレーズで、「ここで食べます」といった意味になります。ちなみに店員さんは、For here or to go?（こちらで召し上がりますか、お持ち帰りですか？）のように聞いてきますので、併せて覚えておきましょう。

単語問題 1

つぎの動詞の過去形を書きなさい。

(1) drive （　　　　）
(2) hit （　　　　）
(3) draw （　　　　）
(4) pay （　　　　）
(5) write （　　　　）
(6) grow （　　　　）
(7) stand （　　　　）
(8) run （　　　　）
(9) go （　　　　）
(10) break （　　　　）

単語問題 1 の答

(1) drive　　　（drove）
(2) hit　　　（hit）
(3) draw　　　（drew）
(4) pay　　　（paid）
(5) write　　　（wrote）
(6) grow　　　（grew）
(7) stand　　　（stood）
(8) run　　　（ran）
(9) go　　　（went）
(10) break　　　（broke）

　単語の意味は、それぞれ(1)「運転する」、(2)「打つ」、(3)「描く」、(4)「支払う」、(5)「書く」、(6)「成長する」、(7)「立つ」、(8)「走る」、(9)「行く」、(10)「壊す」。

Section 2

問題 1
▶生活英語

彼女とデートスポットで待ち合わせをしていますが、時計を忘れてしまいました。隣に立っている女性に時間をたずねたいが、正しい言い方はどれでしょうか。

(1) Do you have time?
(2) Do you have the time?
(3) Do you have a watch?

問題 2
▶文法

海外から来た人を、週末歌舞伎(かぶき)に招待する際の誘い文句を下線部に適当な語句を入れて完成させなさい。

I'd like _____ you to a kabuki performance on the weekend. Would you like to go?

(1) to invite
(2) inviting
(3) to inviting

問題 3
▶日常会話

ネイティブの上司に新しい仕事を教わりましたが、なかなか手際よく進められません。そんなとき上司に Take your time. と声をかけられましたが、これはどんな意味なのでしょうか。

(1) 時間を計りながら仕事をしなさい
(2) 時間の配分をちゃんとしなさい
(3) ゆっくりとやりなさい

【問題１の答】 (2)

(2)が正解です。the をつけた言い方をすれば「時間わかりますか？」という意味が伝わります。(1)のように無冠詞で Do you have time? と言ってしまうと、「時間ある？」「暇ですか？」といったニュアンスになり、ナンパしているのかと勘違いされてしまいます。

(3)は「腕時計ありますか？」と聞こえます。通じないことはありませんが、あまりにも遠回しな言い方です。

ちなみに、学校の授業で習う What time is it now? という言い方は、ネイティブらしくありません。このように最後に now をつけてしまうと、「で、いまは何時？」と、くり返し時間をたずね続けているようなニュアンスになってしまいます。

【問題２の答】 (1)

like は to 不定詞と動名詞の両方を目的語にすることができます。そのため、like inviting は文法的にはあり得る形ですが、これでは「招待するのが好きだ」という意味になってしまいます。**would like to do で「…したい」という意味になります**ので、(1)が正解です。

【問題３の答】 (3)

Take your time. は直訳すれば「時間を取りなさい」ということ。つまり「ゆっくり時間を取って、自分のペースで進めなさい」というニュアンスの表現です。類似表現には、Take all the time you need.（好きなだけ時間をかけていいぞ）、No need to rush.（慌てる必要はないよ）などがあります。

Level 1／超基本の常識英語をチェック！

問題4　　　　　　　　　　　　　　　▶英文読解

つぎのメール文の内容として正しいものを選びなさい。

Hi there!
Thanks for inviting me to the party. It sounds great, but I have already scheduled something for that night. I'm sorry. Thank you for thinking of me. I hope we can meet soon.
Best,
Mary

(1) パーティーへの招待のメール
(2) 招待への断りのメール
(3) パーティーの日時についてのメール

問題5　　　　　　　　　　　　　　　▶慣用表現

仲のよいメアリーとジムが、今日はなんだかよそよそしい感じ。ジムに理由をたずねると、We exchanged words. だという。これはどういう意味なのでしょうか。

(1) 交流した
(2) ケンカした
(3) 結婚した

問題6　　　　　　　　　　　　　　　▶生活英語

「助手席に座ってください」と英語で言いたい。つぎの文のカッコのなかに入れる語句として正しいものは？

　Could you sit in the (　　　) ?

(1) back seat
(2) front seat
(3) passenger's seat

【問題4の答】 (2)

全訳：「やあ元気！ パーティーに招待 (inviting) してくれてありがとう！ うれしいのだけど、その夜は別の予定がすでに入って (scheduled something) しまっています。ごめんなさい。私のことを思っていてくれてありがとう。またすぐ会える (meet soon) といいね！ ごきげんよう！ メアリー」

It sounds great. は「それはいいですね」と、相手の提案をポジティブに評価するフレーズ。 have already scheduled something は「すでになんらかの予定が入っている」という意味です。この部分からうしろを読めば、「断りのメール」であることがわかります。

【問題5の答】 (2)

exchange words は直訳すると「言葉を交わす」という意味になります。もちろん、この意味で使うこともできますが、じつは「口論をする」という意味の婉曲表現として使うこともあるのです。したがって正解は(2)の「ケンカした」ということになります。ちなみに culture exchange（文化交流）のように表現すれば(1)の意味が出ます。また(3)は exchange vows（誓いを交わす）という表現なら「結婚する」という意味になります。

【問題6の答】 (3)

正解は(3)の passenger's seat です。(1)の back seat は「後部座席」の意。(2)の front seat は、運転席と助手席が分かれていないソファー型のシートの車に使われます。日本ではあまり見られませんね。

単語問題 2

〔A〕つぎの学科は英語ではどのように表現するか？ カッコのなかに1語を入れなさい。

(1) 家庭科　　　（　　　　）economics
(2) 社会科　　　（　　　　）studies
(3) 体育　　　　（　　　　）education
(4) 理科　　　　（　　　　）science
(5) 国語　　　　（　　　　）arts

〔B〕つぎの形容詞の対義語（反対の意味の語）を最初の1文字を参考にして英語で書きなさい。

(1) やさしい　（easy）　　　（d　　　）
(2) 年上の　　（senior）　　（j　　　）
(3) 劣った　　（inferior）　（s　　　）
(4) 速い　　　（fast）　　　（s　　　）
(5) 軽い　　　（light）　　 （h　　　）

単語問題2の答

〔A〕

(1) 家庭科　　　　　　(home) economics

＊home EC と省略して呼ぶこともあります。

(2) 社会科　　　　　　(social) studies
(3) 体育　　　　　　　(physical) education

＊PE と略すこともあります。

(4) 理科　　　　　　　(natural) science
(5) 国語　　　　　　　(language) arts

＊language arts は直訳すると「言葉の技術」。

〔B〕

(1) やさしい　　(easy)　　　(difficult)
(2) 年上の　　　(senior)　　(junior)
(3) 劣った　　　(inferior)　(superior)
(4) 速い　　　　(fast)　　　(slow)
(5) 軽い　　　　(light)　　 (heavy)

対義語の意味はそれぞれ、difficult(難しい)、junior(年下の)、superior(優れた、まさった)、slow(遅い)、heavy(重い)。

Section 3

問題 1 ▶慣用表現

最近表情がさえない同僚に、悩みごとでもあるのかとたずねると、こんなフレーズで話を切り出してきました。

"This is just between you and me."

この just between you and me というフレーズは、つぎのどの意味でもちいられているのでしょうか。

(1) 君と僕の関係についての話
(2) 君のせいだよ
(3) 内緒の話

問題 2 ▶文法

つぎの下線にふさわしい語を選択肢から1つ選んで入れなさい。

This is a fast growing company _____ reputation for quality is unsurpassed. ＊unsurpassed＝卓越した

(1) who
(2) whose
(3) which

問題 3 ▶日常会話

食事中、テーブルの隣の人に「塩を取ってもらえますか？」と頼む場合、どの言い方が適切でしょうか。

(1) Could you get me the salt?
(2) Could you pass me the salt?
(3) Could you give me the salt?

【問題１の答え】 (3)

between you and me は直訳すれば「君と僕の間」。This is just between you and me. は「これは君と僕の間だけのことだ」ということ。そこから、「２人の間だけの内緒の話なんだけど」という意味になります。類似表現として、This is for your ears only.（君の耳にだけ話すよ→君にだけ聞かせるんだからね）、Don't tell a soul [anybody].（誰にも言わないでくれよ！）なども併せて覚えておきましょう。

【問題２の答え】 (2)

「その会社の reputation（評価）は…」と続く英文にするため、下線部には所有格の関係詞を入れます。

これを、関係詞を使わずに書き直すと、This is a fast growing company and its reputation for quality is unsurpassed. となります。文の意味は「これは卓越した品質への評価を得ている急成長中の会社です」。

【問題３の答え】 (2)

(1)のように get を使うと、遠いところにある塩をわざわざ席を立って、「取りに行ってくれますか？」というニュアンスになります。(3)の give は、塩を取ってくれるよう、何度か頼んでいるのに、相手が取ってくれない。そこで、少しいらだちを込めて「塩、取ってってば！」と強く要求するようなときに使う表現です。

正解は(2)の pass になります。pass は「回す」ということ。Could you pass me the salt? は「塩をこっちに回してくれない？」という意味です。

問題4 ▶英文読解

つぎの広告文を読んで、なにについて書かれたものか選択肢から1つ選びなさい。

You can relax by the indoor or outdoor pools, the spa, sauna or the Jacuzzi, or get a heavenly massage. It's also a short walk to the beach!

(1) a resort hotel
(2) a sports club
(3) a luxury apartment

問題5 ▶慣用表現

仕事で約束していたことが守れなくなったので、取引先のネイティブに「すみませんが、やはり無理です」と連絡したところ、先方から、You gave your word.という言葉が返ってきました。

この give one's word とはいったいどういう意味でしょうか。

(1) 本音を吐く
(2) 裏切る
(3) 約束する

問題6 ▶生活英語

レストランに昼食を食べに行った。ウェイトレスに「今日のランチをください」と言いたいが、つぎのうちもっともふさわしい言い回しはどれでしょうか。

(1) I'll have lunch.
(2) I'll have today's special.
(3) I'll have special lunch.

【問題４の答】 (1)

全訳:「屋外と室内のプール、温泉(spa)、サウナ(sauna)、ジャクジー (Jacuzzi) でリラックスしてもよし、天にも昇るような (heavenly) マッサージを受けることもできます。ビーチへも歩いてすぐの距離 (a short walk) にあります」

最初の indoor or outdoor pools だけで判断すると(2)の a sports club という誤答につながります。温泉、サウナ、ジャクジー、さらにはマッサージも受けられることと、浜辺にもごく近いと宣伝しているので、(1)のリゾートホテルが正解。(3)の luxury は「贅沢な」「豪華な」、apartment は「マンション」の意。

【問題５の答】 (3)

(3)の「約束する」が正解。ここでの word は「約束の言葉」のこと。keep one's word は「約束を守る」、break one's word は「約束を破る」、そして You gave your word. とすれば、「あなた、約束してくれたじゃないですか！」という感じで、話が違うことを相手に訴える言い回しになるのです。

【問題６の答】 (2)

(2)の I'll have today's special. が正解。today's special は「本日のスペシャル」。この場面なら「本日のランチ」という意味で受け取ってもらえます。(3)の special lunch はありそうですが、英語にはないフレーズです。

(1)の I'll have lunch. は、単に「昼食を食べます」となってしまいます。

単語問題 3

つぎの語句はすべて身につけるものに関する和製英語です。カッコ内に正しい英語を書きなさい。

(1) ワンピース　　　　　　（　　　　）
(2) トレーナー　　　　　　（　　　　）shirts
(3) ジーパン　　　　　　　（　　　　）jeans
(4) チャック　　　　　　　（　　　　）
(5) ワイシャツ　　　　　　（　　　　）shirt
(6) ノースリーブ　　　　　（　　　　）
(7) パンティーストッキング（　　　　）
(8) ハイソックス　　　　　（　　　　）socks
(9) マフラー　　　　　　　（　　　　）
(10) マニキュア　　　nail（　　　　）

単語問題3の答

(1) ワンピース　　（dress）
　＊ one-piece dress と呼ぶこともあります。
(2) トレーナー　　（sweat）shirts
　＊ trainer と言うと、スポーツ選手の指導をするトレーナーのことだと思われます。sweat shirts（スエット・シャツ）と sweat pants（スエット・パンツ）を組み合わせたものは sweat suits（スエット・スーツ）です。
(3) ジーパン　　（blue）jeans
　＊しばしば blue jeans のことを Levis とも言いますが、これはブランドの名前です。
(4) チャック　　（zipper）
(5) ワイシャツ　　（dress）shirt
　＊ white shirt という言い方も間違いです。
(6) ノースリーブ　　（sleeveless）
(7) パンティーストッキング（pantyhose）
(8) ハイソックス　　（knee-high）socks
　＊「膝の高さのソックス」で「ハイソックス」です。
(9) マフラー　　（scarf/muffler）
(10) マニキュア　nail（polish）
　＊ nail は「爪」、polish は「つや出し、光沢剤」。

Section 4

問題 1
▶英文読解

つぎの英文は、あるものについて説明したものです。選択肢から、説明されているものを1つ選びなさい。

The latest versions can be used to send and receive e-mails, download music, take pictures and movies and more. It is not just a phone!

(1) a personal computer
(2) a television
(3) a cell phone

問題 2
▶慣用表現

街なかで待ち合わせしていた友人が、開口一番、I just bumped into Ken. と言ってきました。Ken は共通の友人です。この bump into... の意味はどれでしょうか。

(1) こてんぱんにやっつける
(2) けんかする
(3) ばったり出会う

問題 3
▶生活英語

レストランのウェイターに向かって、外国人客が Is this a smoke-free restaurant? と英語でたずねていました。smoke-free とはどういう意味でしょうか。

(1) 喫煙自由な
(2) 禁煙の
(3) 無料で喫煙できる

【問題1の答】 (3)

全訳:「最新バージョンはeメールの送受信、音楽のダウンロード、写真や動画の撮影、その他さまざまなことに使えます。これは、ただの電話ではないのです」

(3)の a cell phone とは「**携帯電話**」のこと。問題文の最後、It is not just a phone!（これは、単なる電話ではないのです）という1文から、さまざまな機能の付いた電話の説明文であることが推測できます。

【問題2の答】 (3)

bump とは「衝突する」という意味の動詞。車の bumper（バンパー）もこの動詞から派生した語です。bump into someone という形は、文字通り「人にぶつかる」という意味としても使えますが、「～にばったりと出くわす」「～と偶然出くわす」という意味としても使われます。

come across... や run into... などのフレーズでも同じ意味を表現できます。

【問題3の答】 (2)

smoke-free とは「**煙から自由である**」、つまり「**禁煙の**」という意味のフレーズ。barrier-free（障害のない、バリアフリーの）と同じ使い方をしていますね。

このほか、禁煙・喫煙に関する表現には smoking section（喫煙エリア）、non-smoking section（禁煙エリア）といった言い方もありますので、併せてしっかり覚えておきましょう。

問題 4 ▶慣用表現

友人の家をぶらりと訪れてみると、ドアを開けて顔を出した彼に Just the person. と言われました。この意味としてふさわしいものは、つぎのうちどれでしょうか。
(1) なんだ、君か
(2) いま、ちょっと人が来てるんだ
(3) ちょうどよかった

問題 5 ▶日常会話

奇遇なことに旅行先で親しい友達に出会いました。「世間は狭いね！」と言いたいのですが、英語ではどう言えばいいでしょうか。
(1) It's a little world.
(2) It's a narrow world.
(3) It's a small world.

問題 6 ▶文法

「ロンドンに住んで5年になります」という意味にならないのは、つぎの選択肢のうちどれでしょうか。
(1) I've been living in London for five years.
(2) I've lived in London five years.
(3) I lived in London five years ago.

【問題４の答】 (3)

Just the person. は You're just the person that I was waiting [looking] for.（あなたこそ、まさに私が待っていた［探していた］人だ）という文を縮めて言ったもの。正解は(3)の「ちょうどよかった」です。

【問題５の答】 (3)

(1) little world は「（自分の）狭い世界、視野」という感じの言葉。He lives in his own little world. と言えば、「彼は自分の殻に閉じこもっている」という意味。また(2)の narrow は「狭い」という意味ですが、これは、なにかの「幅の狭さ」を表現するのにもちいます。たとえば narrow house と言うと、「うなぎの寝床」のような細長い間取りの狭さを表します。「（面積が）小さな家」と言いたいときは、small を使います。

(3)の It's a small world. という言葉、ディズニーランドが好きな人は聞き覚えがあると思います。直訳すると「小さな世界」ですが、「世間は狭いね」「奇遇だね」という意味でもよく使います。

【問題６の答】 (3)

(1)は現在完了進行形、(2)は現在完了形、(3)だけが過去形の文です。

(1)と(2)はほぼ同じ意味ですが、(1)の方は「もう５年も住んでいる」というニュアンスが含まれています。(2)は単に「５年住んでいる」という意味です。(3)は「５年前にロンドンに住んでいた」という意味の文で、「いまは住んでいない」ということになります。

単語問題 4

カッコのなかに適当な1語を入れて、電話に関する日本語を英語にしなさい。

(1) 代表番号　　　　（　　　　）number
(2) 内線番号　　　　（　　　　）number
(3) 直通電話　　　　（　　　　）number
(4) キャッチホン　　（　　　　）
(5) コレクトコール　（　　　　）call
(6) 国際電話　　　　（　　　　）call
(7) 国内電話　　　　（　　　　）call
(8) 市内通話　　　　（　　　　）call
(9) 市外通話　　　　（　　　　）call
(10) 有料通話　　　　（　　　　）call

単語問題4の答

(1) 代表番号　　　　　(main) number
(2) 内線番号　　　　　(extension) number
(3) 直通電話　　　　　(direct) number
(4) キャッチホン　　　(call-waiting)
(5) コレクトコール　　(collect) call
(6) 国際電話　　　　　(international/overseas) call
(7) 国内電話　　　　　(domestic) call
  ＊ domestic は「国内の」。
(8) 市内通話　　　　　(local) call
  ＊ local は「その地域内の」という意味。
(9) 市外通話　　　　　(out-of-town) call
  ＊ out-of-town は「市外の」の意。
(10) 有料通話　　　　　(toll) call
  ＊ toll は「電話の通話料」や「道路の通行料」。

Section 5

問題 1 ▶日常会話

仲間うちでカラオケに行こうという話が持ち上がり、自分も誘われました。「ぼくも行くよ！」と言いたいのですが、つぎのうち、この場合にふさわしくない言い回しを1つ選びなさい。

(1) I'm game.
(2) I'm in.
(3) Count me out.

問題 2 ▶文法

つぎの文の下線部に入る正しい語を選択肢から1つ選びなさい。

_____ he has been here only two years, he has become our top salesman.

(1) Because
(2) Although
(3) After

問題 3 ▶慣用表現

工場を訪問してくれたクライアントに、ベテランの職人を紹介したい。つぎのうちどの言い方をすればうまく伝わるでしょうか。

(1) He's an old hand.
(2) He's a veteran.
(3) He's really old.

【問題１の答】 (3)

(1)の I'm game. の意味は「ぼくはゲームだ」ではありません。この場合の **game は名詞ではなく、「(〜する)意志がある」という意味の形容詞**なので、「ぼくも行くよ」という意志を示します。また(2)の I'm in. は「ぼくも入れて」という、参加する意志を示すのに使う言い方です。

(3)を直訳すると「ぼくを数に入れないで」で、「ぼくはやめておくよ」というニュアンスです。out ではなく in を用いた Count me in. ならば、参加の意志を示す言い回しになります。

【問題２の答】 (2)

正しい接続詞を選ぶ問題です。問題文の前半は「彼は２年しか会社にいない」、後半は「すでにトップの営業マンになった」という意味になります。この前半と後半は逆接の関係になっていることから、逆接を表す接続詞(2)の although(〜だけれども)が正解。(1)の because は「〜だから」と理由を表し、(3)の after は「〜のあとに」と時間の順序を表す接続詞です。

【問題３の答】 (1)

正解は(1)の old hand。old hand あるいは old pro という言い方をすれば、その人物がある分野で「ベテランである」という意味が伝わります。(2)の He's a veteran. は、一見正しいように見えますが、ネイティブには「彼は退役軍人だ」という意味に聞こえてしまいます。また、(3)は「あいつは老いぼれだ」といった非常に失礼なニュアンスになるので注意が必要です。

問題4　　　　　　　　　　　　　　　　　▶英文読解

つぎの英文で説明されている年中行事はなにか？　選択肢から1つ選びなさい。

This is an event that is held in late autumn. It involves colorful costumes and is one of the favorite holidays of the year for children. Kids wearing costumes and carrying bags visit homes in the neighborhood to collect candy.

(1)　クリスマス
(2)　感謝祭
(3)　ハロウィン

問題5　　　　　　　　　　　　　　　　　▶日常英語

ネイティブと友達になったが、彼の苗字をたずねたい。つぎのうち、どのたずね方をすればいいでしょうか。

(1)　What's your personal name?
(2)　What's your maiden name?
(3)　What's your last name?

問題6　　　　　　　　　　　　　　　　　▶生活会話

報告書の仕上げを手伝ってくれと、同僚に頼まれた。「喜んで手伝うよ」と返事をしたいのだが、つぎのうちどの言い回しをもちいるのが適当でしょうか。

(1)　I'm willing to help.
(2)　I'd be happy to help.
(3)　Don't mind if I do.

【問題４の答】 (3)

全訳:「これは秋の終わり頃 (late autumn) におこなわれるイベントで、カラフルなコスチュームも使われ、子どもたちが１年中でもっとも好きな休日 (favorite holidays) の１つです。仮装して、手さげ袋を持った子どもたちは、近所の家をたずね、お菓子をもらいます」

コスチュームを着て、近所の家をたずね、お菓子などをもらって歩く日と言えば、「ハロウィン」です。costume は「仮装」の意。

【問題５の答】 (3)

(1)～(3)のなかでは、(3)の last name だけが「苗字」。personal name はフルネームを指しますが、「契約書」のような法的なものに使われ、日常会話では使われません。(2)の maiden name は「処女姓」つまり「旧姓」のこと。last name の言い換え表現としては family name という言い方もありますから、併せて覚えておきましょう。

【問題６の答】 (2)

(1)の be willing to... は「喜んで～する」という意味で**はない**ことに注意する必要があります。日本の学校の文法の時間にはこのように教わることもあるようですが、じっさいには「条件が合えば喜んで～してあげる」というニュアンスになります。日本語の「喜んで～する」というニュアンスにするのなら(2)の I'd be happy to help. を使わなければなりません。(3)の Don't mind if I do. は、食べ物などを勧められたときに「遠慮なくいただきます」と言うひとこと。

単語問題 5

つぎの英単語に、un-, mis-, dis-, ir- などの打ち消しの接頭辞をつけて、日本語の意味を表す単語を作りなさい。

(1) kind　　　　　不親切な　（　　　）
(2) able　　　　　不可能な　（　　　）
(3) legal　　　　 不法な　　（　　　）
(4) order　　　　 混乱　　　（　　　）
(5) direct　　　　間接的な　（　　　）
(6) action　　　　反作用　　（　　　）
(7) responsible　 無責任な　（　　　）
(8) balance　　　 不均衡　　（　　　）
(9) fortune　　　 不運　　　（　　　）
(10) fair　　　　　不公平な　（　　　）

単語問題5の答

(1) kind　　　　　不親切な　（unkind）
(2) able　　　　　不可能な　（unable）
(3) legal　　　　　不法な　（illegal）
(4) order　　　　　混乱　（disorder）
(5) direct　　　　間接的な　（indirect）
(6) action　　　　反作用　（counteraction）
(7) responsible　無責任な　（irresponsible）
(8) balance　　　不均衡　（imbalance）
(9) fortune　　　不運　（misfortune）
(10) fair　　　　　不公平な　（unfair）

　左側の単語の意味は、それぞれ、(1)「親切な」、(2)「可能な」、(3)「合法な」、(4)「秩序」、(5)「直接的な」、(6)「作用、動作」、(7)「責任のある」、(8)「均衡、バランス」、(9)「運、財」、(10)「公平な、公正な」。

Section 6

問題1 ▶生活英語

最近太った上司に「もう少し運動したらどうですか？」とアドバイスしたい。失礼にならない表現を選びなさい。

(1) You'd better exercise more.
(2) You need to exercise more.
(3) You have to exercise more.

問題2 ▶英文読解

つぎの英文はあるものについて説明しています。なにについて説明しているのか、選択肢から選びなさい。

It was built to commemorate friendship between France and the United States. It has been an inspirational sight in New York Harbor for more than 100 years. ＊commemorate＝記念する

(1) The Eiffel Tower
(2) The Empire State Building
(3) The Statue of Liberty

問題3 ▶慣用表現

取引先の担当者が、ある条件を提示してきました。そして The ball's in your court. と言いました。この言葉の意味として正しいものはどれでしょうか。

(1) この条件をのんでください
(2) そちらにとっては最高の条件ですよ
(3) あとはそちら次第です

【問題1の答】 (2)

(3)は相手に自分がさせたいことを「〜しなさい」と言うときに使うフレーズで、「もっと運動しなさいよ」といったやや強制的な響きになり、不正解。(1)の had better を使った言い方は、単純に「〜したほうがいいよ」という意味ではなく「〜したほうがいいわよ、さもないと〜だからね」とやや脅しのニュアンスを含んでいます。

正解は(2)の You need to... という表現。これなら、「〜したほうがいいですよ」と相手にアドバイスするニュアンスが出せます。

【問題2の答】 (3)

全訳:「フランスとアメリカの友好を記念するために建造され、100年以上もの間ニューヨーク湾の感動的な光景 (inspirational sight) として存在し続けています」
「フランスとアメリカの友好を記念」「ニューヨーク湾の感動的な光景」というキーワードから、正解が『自由の女神』(The Statue of Liberty、直訳すると「自由の像」)とわかります。

【問題3の答】 (3)

これはテニス用語を由来とするイディオム。「ボールはいま、あなたのコートにあります」ということから転じて、「こちらの条件は提示しましたから、あとはそちらのご判断です」「あとはあなたの判断次第です」という意味で使われます。

It's up to you now. (あとはあなた次第です) と言ってもほぼ同じ意味になります。

Level 1／超基本の常識英語をチェック！

問題4　　　　　　　　　　　　　　　　　▶生活英語

　友人に電話をかけたつもりで、間違い電話をかけてしまった。「すみません、間違えました」と謝罪するとき、どの言い方がもっともふさわしいでしょうか。

(1) Oh, I'm sorry. I must have dialed the wrong number.
(2) Oh, I'm sorry. You have the wrong number.
(3) Oh, I'm sorry. I must have misdialed.

問題5　　　　　　　　　　　　　　　　　▶日常会話

　How ya doing?（調子はどう？）と声をかけてくれた相手に、「絶好調だよ」と返事がしたい。こんなときのフレーズとしては、つぎのどの言い回しがふさわしいでしょうか。

(1) I've never felt worse.
(2) I've never felt better.
(3) I've never felt good.

問題6　　　　　　　　　　　　　　　　　▶文法

「彼は親切にも私を助けてくれた」の英訳として正しいものを選びなさい。

(1) He was enough kind to help me.
(2) He was kind to help me enough.
(3) He was kind enough to help me.

【問題４の答え】　(1)

(2)の You have the wrong number. は相手が間違ってかけてきた場合の言い回しで「間違い電話ですよ」という意味になります。

(3)の misdial という言い方は理解はしてもらえますが、ふつうは使わない英語です。

正解は(1)ですが、このほかにも自分の方が間違ったというときには、I must have the wrong number.（間違ってかけました）という言い方もできます。

【問題５の答え】　(2)

I've never felt better. が正解です。これは直訳すると、「これまでに、いまよりいい気分だったことなど一度もない」ということ。つまり「絶好調だ」という意味になります。

(1)は「これ以上悪い感じはない」ということから、「最悪」という意味になります。ひどい風邪をひいているときなどに使える表現です。(3)では「これまで一度も元気に感じたことがない」という意味になってしまいます。

【問題６の答え】　(3)

enough の位置に注意しましょう。〈形容詞＋enough＋to 不定詞〉の形で「～するほど…」「…にも～してくれる」という意味になります。

なお、この to 不定詞は形容詞 kind を修飾する、副詞的な用法として使われています。

単語問題 6

つぎの単語には、それぞれ対(つい)の意味を持つ単語があります。カッコのなかに反対の意味の英単語を書きなさい。

(1) entrance　　　（　　　）
(2) aunt　　　　　（　　　）
(3) grandfather　（　　　）
(4) east　　　　　（　　　）
(5) future　　　　（　　　）
(6) death　　　　（　　　）
(7) heaven　　　（　　　）
(8) employer　　（　　　）
(9) male　　　　（　　　）
(10) wife　　　　（　　　）

単語問題 6 の答

(1) entrance　　　　（exit）
(2) aunt　　　　　　（uncle）
(3) grandfather　　　（grandmother）
(4) east　　　　　　（west）
(5) future　　　　　（past）
(6) death　　　　　 （birth）
(7) heaven　　　　　（hell）
(8) employer　　　　（employee）
(9) male　　　　　　（female）
(10) wife　　　　　　（husband）

　それぞれの組み合わせの単語の日本語訳は、(1)「入り口と出口」、(2)「おばとおじ」、(3)「祖父と祖母」、(4)「東と西」、(5)「未来と過去」、(6)「死と誕生」、(7)「天国と地獄」、(8)「雇い主と従業員」、(9)「男性と女性」、(10)「妻と夫」。

Section 7

問題1
▶文法

友人とホラー映画を見に行ったあとで、「私、ホントに恐かったわ」と英語で言う場合、つぎのどれが正しい表現ですか。
(1) I was scary.
(2) I was scared.
(3) It was scared.

問題2
▶日常会話

携帯電話で通話中、電波の状態が悪くなりました。「聞こえてる?」「つながってる?」とたずねたいのですが、この場面にふさわしくない表現を1つ選びなさい。
(1) Can you hear me?
(2) Are you still there?
(3) Do you get it?

問題3
▶慣用表現

職場でずっと気になっていた女性と、最近、だいぶ親しくなってきました。

そんなある日、彼女に Are you seeing anyone? とたずねられました。この see anyone とはどういう意味でしょうか。
(1) 誰かに会う
(2) 誰かとミーティングする
(3) 誰かと付き合う

【問題1の答え】 (2)

scary は「恐ろしい」「恐怖を催させる」という意味の形容詞なので、(1)の言い回しでは「私は恐怖を催させるような恐ろしい存在だった」という意味になります。

(2)と(3)の scared は「怯えた (状態)」「怖がっている (状態)」を表す語。「怯えていた」のは女性本人なので、主語が I となっている(2)が正解。It を主語にするなら、It was scary. とすれば OK。

【問題2の答え】 (3)

(1)の Can you hear me? は「聞こえますか？」という意味なので、この場面で使えます。

また(2)の Are you still there? は直訳すると「まだそこにいますか？」ですが、これで「つながってる？」という意味が出せます。

(3)は複雑な話や、ジョークに関して、「意味はわかりますか？」とか「(ジョークの) オチ、わかった？」と相手に確認する表現です。

【問題3の答え】 (3)

see anyone は直訳すると「誰かに会う」という意味で、もちろんその意味で使うこともできますが、これで「誰かと付き合う」という意味にもなるのです。状況からして、彼女が言った Are you seeing anyone? は「誰かと付き合ってるの？」という意味になります。

Level 1／超基本の常識英語をチェック！

問題4 ▶日常会話

彼女にふられてしまった友人に、「それはつらいなあ」となぐさめの言葉をかけてあげたい。つぎのうち、適切でない言い方はどれでしょうか。

(1) That's too bad.
(2) You're really sorry.
(3) I'm sorry.

問題5 ▶生活英語

バーのカウンターで馴染みのバーテンダーに「いつものやつちょうだい」と言いたい。つぎのうち正しいものはどれでしょうか。

(1) I'll have the same.
(2) I'll have regular.
(3) I'll have the usual.

問題6 ▶英文読解

つぎの英文は、なにについて説明したものか。選択肢から正しいものを1つ選びなさい。

It is connected to the mainland by a thin strip of land, and its entire coastline consists of sandy beaches perfect for swimming.

(1) an island
(2) a peninsula
(3) a bay

【問題４の答】　(2)

(1)は「それはほんとうに気の毒だね」、(3)は「かわいそうにねぇ」という意味で、いずれも相手をなぐさめるひとこと。sorry には「お粗末な、下手な」の意味もあり、(2)の You're really sorry. は、「あなたって、気の毒なくらい情けない人ね」という意味です。

【問題５の答】　(3)

正解は(3)の I'll have the usual. です。usual で、「いつものやつ、お決まりのやつ」という意味になります。

(1)の I'll have the same. は、いっしょにいる誰かの注文と同じものにするという意味で使える表現。

(2)の I'll have regular. は、ガソリンスタンドで「(ハイオクでなく)レギュラーを」と注文をしているように聞こえます。

【問題６の答】　(2)

全訳：「本土 (mainland) と細長い土地 (thin strip of land) でつながっていて、海岸線 (coastline) はすべて海水浴に最適な砂浜 (sandy beaches) になっています」

connected to the mainland は「本土とつながっている」、by a thin strip of land は「細長い土地によって」。

この部分から、正解は(1)の island(島)でも(3)の bay(湾)でもなく、(2)の peninsula（半島）とわかります。

単語問題7

〔A〕つぎの単語の複数形を書きなさい。

(1) carp（鯉）　　　　　　　　（　　　）
(2) mouse（ネズミ）　　　　　 （　　　）
(3) mouse（パソコンのマウス）（　　　）
(4) fish（魚）　　　　　　　　（　　　）
(5) foot（足）　　　　　　　　（　　　）

〔B〕つぎの形容詞の対義語を、最初の1文字を参考にして英語で書きなさい。

(1) 強い　　　　（strong）　　（w　　　）
(2) 明るい　　　（bright）　　（d　　　）
(3) 背が高い　　（tall）　　　（s　　　）
(4) 浅い　　　　（shallow）　 （d　　　）
(5) 幅が広い　　（wide）　　　（n　　　）

単語問題7の答

〔A〕
(1) carp（鯉）　　（carp）
(2) mouse（ネズミ）　　（mice）
(3) mouse（パソコンのマウス）　　（mouse devices）
　＊パソコンのマウスの場合、mouse はそのままにして devices（機器類）などの語をおぎなって複数化します。
(4) fish（魚）　　（fish/fishes）
　＊fish は種類を述べる場合、fishes と複数を使うこともあります。しかし、three kinds of fish のように言うほうが一般的です。
(5) foot（足）　　（feet）

〔B〕
(1) 強い　　　　　（strong）　　　　（weak）
(2) 明るい　　　　（bright）　　　　（dark）
(3) 背が高い　　　（tall）　　　　　（short）
(4) 浅い　　　　　（shallow）　　　（deep）
(5) 幅が広い　　　（wide）　　　　（narrow）

　対義語の意味はそれぞれ、weak（弱い）、dark（暗い）、short（背が低い、短い）、deep（深い）、narrow（幅が狭い）。

Section 8

問題 1
▶生活英語

「留守番電話をオンにするのを忘れないで」と言いたい。つぎの文のカッコに適当な語句を入れなさい。

Don't forget to turn on the (　　　).

(1) answering phone
(2) replying phone
(3) answering machine

問題 2
▶文法

つぎの文の下線部に入る正しい語を選択肢から1つ選びなさい。

＿＿＿＿ Karen and Akiko contributed valuable research to this project.　＊contribute＝貢献する

(1) Either
(2) Neither
(3) Both

問題 3
▶慣用表現

馴染みのバーに入ると、友達の女性がめずらしく1人で飲んでいました。悲しそうな顔をしていたので、理由をたずねると、John dumped me. という返事が。この dump someone とはどういう意味でしょうか。

(1) 誰かを虐待する
(2) 誰かを捨てる
(3) 誰かの約束をすっぽかす

【問題1の答】 (3)

「留守番電話」は answering machine と言います。「留守番電話をセットする」は、set the answering machine です。「彼の留守番電話に伝言を入れておく」は leave a message on his answering machine となります。

【問題2の答】 (3)

either A or B（AかBかどちらか）、neither A nor B（AとBのどちらも〜ない）、both A and B（AとBのどちらも）の構文は学校で習いましたね。問題文に Karen and Akiko という語句が並んでいるところに目をつければ、「カレンとアキコのどちらもが、このプロジェクトの重要な調査に貢献した」とわかります。

【問題3の答】 (2)

この dump はダンプトラックの dump で、「土砂などをドサッと落とす（捨てる）車」であることから想像できるように、**dump とは「（ゴミなどを）ドサッと捨てる」という意味の動詞**なのです。そこから、「恋人を捨てる」「人を追い出す」あるいは「雇用人をクビにする」などの意味でも使われるのです。

Level 1／超基本の常識英語をチェック！

問題4
▶英文読解

つぎの英文はある街について説明したものです。文中で説明されている場所を、選択肢から1つ選びなさい。

It is one of the most popular destinations for day trips outside of Tokyo. There are many temples, many good restaurants and a lovely coastline to walk along and lose the cares of the big city.

(1) Kyoto　　　　　　　＊destination＝目的地
(2) Kamakura
(3) Yokohama

問題5
▶日常英語

お皿を並べてほしくて、「ちょっと手を貸してくれない？」と子どもに声をかけたい。そんなときに使える表現はつぎのうちどれでしょうか。

(1) Give me a hand.
(2) Give me your hands.
(3) Hands up.

問題6
▶慣用表現

日本語では「朝型の人」「夜型の人」という表現がありますが、英語ではこの2つをどう表現するのでしょう。つぎの選択肢から正しい組み合わせのものを選びなさい。

(1) early owl　　　　— 　night bird
(2) early riser　　　 — 　evening person
(3) morning person — 　late riser

【問題４の答え】 (2)

　全訳:「東京郊外への日帰り旅行でもっとも人気のある目的地の１つです。多くのお寺やおいしいレストラン、歩くのが楽しい海岸線があり、大都会の心労を取り除いてくれます」

「東京からの日帰り旅行で人気」「多くのお寺」「歩くのが楽しい海岸線」の３つの説明を満たすのは(2)の「鎌倉」です。lose the care of（〜の心労を忘れさせる）も覚えておきましょう。

【問題５の答え】 (1)

　(1)の Give me a hand. は「手を貸して」と誰かに頼むときに広く使える表現で、相手が大人でも使えます。簡単な手伝いの場合は Give me a hand. で OK ですが、負担の大きい手伝いなら、Could you give me a hand? と、ていねいな言い方にします。

　(2)は親が子供の手を洗うときなどに、「手を貸しなさい」という意味で使う表現。(3)の Hands up. は「手を挙げろ」「降参しろ」という意味のフレーズです。

【問題６の答え】 (2)

「朝型の人」という言い方には、early bird（早起き鳥）、early riser（早起きの人）、morning person（朝型の人）、day person（昼型の人）などがあります。「夜型の人」には、night owl（夜のフクロウ）、night bird（夜の鳥）、night person（夜の人）、evening person（夕方の人）、late sleeper（朝寝坊の人）などの表現があり、組み合わせとして正しいのは(2)だけです。

単語問題 8

カッコのなかのアルファベットを参考にしてつぎの英単語の対義語を書きなさい。

- (1) clear　　　（m　　）
- (2) clean　　　（d　　）
- (3) quiet　　　（n　　）
- (4) near　　　（f　　）
- (5) large　　　（s　　）
- (6) loud　　　（q　　）
- (7) major　　　（m　　）
- (8) gentle　　（r　　）
- (9) thin　　　（f　　）
- (10) soft　　　（h　　）

単語問題 8 の答

(1) clear　　　　（muddy）
(2) clean　　　　（dirty）
(3) quiet　　　　（noisy）
(4) near　　　　（far）
(5) large　　　　（small）
(6) loud　　　　（quiet）
(7) major　　　　（minor）
(8) gentle　　　　（rough）
(9) thin　　　　（fat）
(10) soft　　　　（hard）

　それぞれの組み合わせの単語の日本語訳は、(1)「澄んだ―濁った」、(2)「きれいな―汚い」、(3)「静かな―騒がしい」、(4)「近い―遠い」、(5)「大きい―小さい」、(6)「うるさい―静かな」、(7)「比較的重要な―比較的重要でない」、(8)「穏和な―粗暴な」、(9)「やせた―太った」、(10)「やわらかい―固い」。

Section 9

問題1
▶慣用表現

営業にやってきた取引先の男性が気になっているカレン。先輩の女性に、彼のことをたずねると、He's taken. という言葉が。この be taken の意味を選びなさい。
(1) 他社へ引き抜かれた
(2) 決まった人がいる
(3) ちょっと変わった人

問題2
▶生活英語

「弊社の創立20周年記念パーティーにご出席いただけますよう、あなたを心よりご招待いたします」という招待状の文で、下線部に入れるのに適当な表現を選びなさい。

You are cordially invited to attend a party to celebrate _____ year of our establishment.
(1) the twentieth
(2) the 20th
(3) the 20

問題3
▶文法

前日、六本木ヒルズで映画俳優を見かけたので、そのことを友人に話そうと思います。下線部に入る語句は？
Yesterday, I _____ Brad Pitt in Roppongi.
(1) met
(2) met with
(3) have met with

【問題１の答】 (2)

be taken は直訳すると「取られている」。「他の人に取られている」ということで、つまり「すでに決まった人がいる」「彼女 (や彼氏) がいる」「結婚している」といった意味で、口語でよくもちいられる表現です。

【問題２の答】 (2)

「20番目の」と序数を入れるのが正しいので、正解は(1)か(2)ということになります。また、序数を表記するときには、first (１番目の) から tenth (10番目の) まではすべてアルファベットで表記し、11th (11番目の) 以降は、数字と th の文字を組み合わせるのが基本。よって、正解は(2)の the 20th です。

【問題３の答】 (1)

過去のある一点を表す語句 yesterday が含まれているので、過去形の文にしなければならないことがわかります。(1)と(2)が残りますが、(2)は「会って親しく話をする」という意味になるので、単に見かけただけである場合には使われません。正解は(1)の met となります。

問題4 ▶英文読解

つぎの英文は、ある日記の抜粋です。この日記についての質問に対する正しい答えを1つ選びなさい。

I don't like it when people ask me "What's your favorite movie?" I have seen so many different kinds of movies and liked them for such different reasons that the word "favorite" is meaningless!

質問：Why doesn't this person like to be asked what his favorite movie is?

(1) He hasn't seen very many movies.
(2) He likes different movies for different reasons.
(3) He doesn't like the word "favorite".

問題5 ▶生活英語

街で「NO TRESPASSING」と書いた看板を見かけました。この看板の意味はつぎのうちどれでしょうか。

(1) 立入禁止
(2) 通行止め
(3) 車両進入禁止

問題6 ▶日常会話

高級ブランド・バッグを格安で手に入れた友人に、「いい買い物したわね」と英語で言いたい。
つぎのうち、この状況にふさわしくない言い方はどれでしょうか。

(1) Good deal.
(2) Good buy.
(3) Good sale.

【問題4の答】 (2)

全訳:「私は人から『お気に入り (favorite) の映画はなんですか?』とたずねられるのが嫌いです。とても多様な映画を観ているし、これまたとても多様な理由(different reasons)でそれらを気に入っています。だから、お気に入りの (favorite) などという言葉には、意味がない (meaningless) のです」

質問文の意味は「なぜこの人は、自分の好きな映画がなにかとたずねられるのがイヤなのか?」です。2つ目のセンテンスの、**so から that までが that 以下の理由になっています**。I don't like it when people ask me は「他人がそれを私にたずねるのは好きでない」が直訳。

【問題5の答】 (1)

trespass は「(所有地などに)不法に侵入する」という意味の動詞。NO TRESPASSING は「進入禁止」という意味で、ふつう、対象が土地である場合にかぎられます。ほかにも「立ち入り禁止」を意味する掲示に STAY OUT や KEEP OUT がありますが、これらは、ふつう対象がビルや部屋である場合にもちいられます。また DO NOT ENTER は、道路への「進入禁止」という意味で使われることが多いので、併せて覚えておきましょう。

【問題6の答】 (3)

(1)の Good deal. と(2)の Good buy. はどちらも、「いい買い物したね」というフレーズ。deal は「取引」「買い物」の意。(3)の Good sale. は「いい値段で売ったね」という意。売った側の人に対して使います。

単語問題 9

つぎのカタカナ語はスペリングミスを犯しやすいものばかりです。それぞれに対応する英単語をカッコのなかに正確に書きなさい。

(1) レタス　　　　　　（　　　　　）
(2) キャベツ　　　　　（　　　　　）
(3) アマチュア　　　　（　　　　　）
(4) コマーシャル　　　（　　　　　）
(5) パンフレット　　　（　　　　　）
(6) クーポン　　　　　（　　　　　）
(7) レシート　　　　　（　　　　　）
(8) タバコ　　　　　　（　　　　　）
(9) デパート　　　　　（　　　　　）＊2語で
(10) コンビニ　　　　　（　　　　　）＊2語で

単語問題 9 の答

(1) レタス　　　　　　　　(lettuce)
(2) キャベツ　　　　　　　(cabbage)
(3) アマチュア　　　　　　(amateur)
(4) コマーシャル　　　　　(commercial)
(5) パンフレット　　　　　(pamphlet)
(6) クーポン　　　　　　　(coupon)
(7) レシート　　　　　　　(receipt)
　＊pの文字は発音されない黙字です。
(8) タバコ　　　　　　　　(cigarette, tobacco)
　＊フィルター付きのふつうのタバコは cigarette ですが tobacco とだけ書くと「タバコの葉」の意味。
(9) デパート　　　　　　　(department store)
(10) コンビニ　　　　　　　(convenience store)

Section 10

問題 1 ▶生活英語

隣席の同僚に、上司が帰る前に報告書を提出したかどうかたずねたい。つぎのうち、どの表現をもちいるのが適当か。上司のフルネームは「アリー・ジョンソン」(女性)と仮定して、選択肢から正しいものを1つ選びなさい。

Did you give _____ the report before she left?

(1) Johnson
(2) Alley
(3) Ms. Johnson

問題 2 ▶慣用表現

デパートで子どもにおもちゃをせがまれ、「いまはダメ」と言うと、子どもは Don't be a scrooge! と言い返しました。この言葉の意味は、どれでしょうか。

(1) 固いこと言わないでよ
(2) もっとよく話を聞いてよ
(3) ケチケチしないでよ

問題 3 ▶日常英語

友人を自宅に招いて、手料理でもてなしました。おいしそうに平らげてくれた友人に、「おかわりはどう?」とすすめるのにふさわしい表現はどれでしょうか。

(1) Another dish?
(2) Another plate?
(3) Another helping?

【問題１の答】 (2)

　英語では上司であってもファーストネームで呼ぶのがふつうで、正解は(2)の Alley。(3)のように敬称を伴うのは、その相手と一面識もない場合か相手に悪い感情を抱いている場合がほとんどで、PC（差別的でない表現）の観点からも、ほとんど使われなくなってきています。

　(1)の Johnson は last name（苗字）ですが、last name で呼ぶことは、たとえば学生たちのふざけた会話のような、くだけた場面でしか考えられません。

【問題２の答】 (3)

　ディケンズの短編小説、『クリスマスキャロル』を読んだ人なら、楽に解ける問題ですね。Scrooge とはこの小説に登場する非常にケチな主人公の名前。つまり、Don't be a scrooge. とは「スクルージみたいになるな」→「ケチケチするな」という意味です。Don't be a miser. あるいは Don't be a tightwad. も同じ意味。miser も tightwad も「ケチ、けちん坊」のこと。

【問題３の答】 (3)

　(1)のような表現はあまり聞かれませんが、「なにか別の種類の食べ物を食べたい？」という意味として使えます。(2)は、たとえば買い物をしていて、「お皿をもう１枚欲しい？」と聞くような場合で使えます。plate は「皿」そのものを指す言葉で、「料理」や「食べ物」とは無関係の表現なのです。(3)の helping は「食べ物の一杯、ひと盛り」という意味で、**help には「食べ物をよそう、盛る」という意味もある**のです。

問題4　　　　　　　　　　　　　　　　　　　▶文法

「昔は1日にタバコを2箱吸っていた」という日本語を正しく表しているのは、どれでしょうか。

(1) I used to smoking two packs a day.
(2) I used to smoke two packs a day.
(3) I am used to smoking two packs a day.

問題5　　　　　　　　　　　　　　　　　　▶英文読解

つぎの映画評の内容と一致するものを、選択肢から1つ選びなさい。

Although the new *Star Wars* movie still leaves much to be desired, it is much better than the two previous films.　　　　　　　　　　　＊desire＝望む

(1) 「スターウォーズ」の新作が待ち望まれている
(2) 「スターウォーズ」の新作は満足な出来栄えではない
(3) 「スターウォーズ」の新作は期待以上の出来だった

問題6　　　　　　　　　　　　　　　　　　▶日常会話

みんなの前で転んでしまい、「すごく恥ずかしい」と英語で言いたいが、つぎのうち正しいものはどれですか。形容詞の意味に注意して選びなさい。

(1) I'm so embarrassed.
(2) I'm so ashamed.
(3) I'm so shy.

【問題4の答】 (2)

be used to... ing「…することに慣れている」と、used to do「…したものだった」を混同しないように注意しましょう。(3)は「1日2箱吸うことに慣れている」という意味になります。(1)は文法的にあり得ない形。used to do「…したものだった」には、「いまはしていない」というニュアンスが込められています。

【問題5の答】 (2)

全訳:「『スターウォーズ』の新作は満足のいく出来とは言えないが、2本の前作と比較すればずいぶんとよくなった」

leaves much to be desired という語句の意味が理解できるかどうかが正解へのカギでした。これは「望まれるべき多くを残している」→「満足のいくものではない」という意味です。

【問題6の答】 (1)

語法の問題ですが、正解は(1)の embarrassed です。embarrassed は単純に、失敗などをして恥ずかしいと感じたときに使う語。これに対して、ashamed は「自分の心に照らして恥ずかしいような自責の念を含む日本語の「恥」に近い感覚の語。shy は「恥ずかしがりの」「はにかみ屋の」という意味。

単語問題10

〔A〕つぎの身体に関する日本語を英語にしなさい。

(1) ひざ　　　（　　　）
(2) 首　　　　（　　　）
(3) 背中　　　（　　　）
(4) ひじ　　　（　　　）
(5) 肩　　　　（　　　）

〔B〕カッコに適当な語を入れて、それぞれの指の名称を完成させなさい。

(1) 親指　　　（　　　）
(2) 人差し指　（　　　）finger
(3) 中指　　　（　　　）finger
(4) 薬指　　　（　　　）finger
(5) 小指　　　（　　　）finger

単語問題10の答

〔A〕
(1) ひざ　　　(knee)
(2) 首　　　　(neck)
(3) 背中　　　(back)
(4) ひじ　　　(elbow)
(5) 肩　　　　(shoulder)
　＊shoulder には「責任を負う」という意味もあります。

〔B〕
(1) 親指　　　(thumb)
(2) 人差し指　(index/pointing) finger
(3) 中指　　　(middle) finger
(4) 薬指　　　(ring) finger
　＊結婚指輪をはめることから、こう呼ばれています。
(5) 小指　　　(little) finger
　＊pinky と言うこともあります。

Level 2 ── これだけは押さえておきたい
必要不可欠の常識英語をマスター！

英語を学ぶ人へ贈る言葉

If you think you can, or you think you can't, you're right!

できると思えば可能だし、できないと思えば不可能なのだ。
　　　　　　　　　　　　　　　Henry Ford（ヘンリー・フォード）

In order to succeed, we must first believe that we can.

成功したいなら、まず自分自身の力を信じることだ。
　　　　　　　　　　　　　　Michael Korda（マイケル・コーダ）

The pessimist sees difficulty in every opportunity. The optimist sees opportunity in every difficulty.

悲観主義者はあらゆる好機に困難を見つけだす。楽観主義者はあらゆる困難のなかにこそ好機を見出だす。
　　　　　　　　　　　Winston Churchill（ウィンストン・チャーチル）

Section 1

問題 1
▶慣用表現

固く締まったビンのふたを開けられずに困っている友人に代わって、ふたを開けてあげました。すかさず「こんなの朝飯前だよ」とちょっと自慢げに言いたい。そんなときの表現として、間違っているのはどれでしょうか。

(1) It's as easy as pie!
(2) It's a snap!
(3) It's a piece of pie!

問題 2
▶日常会話

友達が手料理をごちそうしてくれました。食事をしたあと、「おいしかった！」と言いたい。こんなときふさわしくない表現は、つぎのうちどれでしょうか。

(1) That was scrumptious!
(2) That was gross!
(3) That was yummy!

問題 3
▶英文読解

つぎの英文の内容と一致するものを、選択肢から1つ選びなさい。

It took us a long time to get out of the red, but I'm happy to say that we've finally turned the corner.

(1) The company is losing money.
(2) The company is very successful.
(3) The company is beginning to show improvement.

【問題１の答】　(3)

(1)の be as easy as pie は、おもにアメリカ英語の口語で「朝飯前だ」という意味で使われる表現。また(2)の snap は「指などをパチンと鳴らす（音）」という意味で、It's a snap! は「指をパチンと鳴らすくらい簡単」という意味のイディオムです。(3)の場合、pie ではなく cake にした It's a piece of cake! なら、「朝飯前だ」という意味のイディオムになります。

【問題２の答】　(2)

(1)の scrumptious と(3)の yummy は、どちらも「ほっぺが落ちるほどおいしい」「うまい」という意味。yummy はもともと幼児語でしたが、いまは大人も使っています。一口食べて「おいしーい！」と言いたいときは、この yummy の変形、yum-yum をもちいればＯＫです。

(2)の gross は「気持ち悪い」「気色悪い」という意味の形容詞です。これでは「気持ち悪かった」という意味になってしまいます。

【問題３の答】　(3)

全訳：「赤字から脱却するのに非常に長い時間がかかりました。しかし、弊社(へいしゃ)がついに危機を脱出したことをうれしく思います」

get out of the red（赤字を脱却する）と turn the corner（峠を越える、危機を脱する）の意味が理解できれば正解できたはずです。選択肢中の語句 lose money は「お金を失う」＝「赤字である」、show improvement は「改善を見せる」という意味。

Level 2／必要不可欠の常識英語をマスター！

問題4 ▶文法

下線部に前置詞を入れて「私の車を使ってもいいけど5時までには返してよね」という英文を完成させなさい。

You can borrow my car, but bring it back _____ 5:00.

(1) until
(2) on
(3) by

問題5 ▶日常会話

ハードな仕事が続いている友人に、「もっとのんびりやりなよ」「気楽にいこうよ」と声をかけてあげたい。そんなときにふさわしい表現を1つ選びなさい。

(1) Don't work so hard!
(2) Don't work earnestly!
(3) Don't be so eager!

問題6 ▶生活英語

喫煙セクションで、ライターを忘れ隣の人に火を借りたいが、つぎのうちどの言い方が適当でしょうか。

(1) Do you have a fire?
(2) Do you have a light?
(3) Do you have a lighter?

【問題4の答え】 (3)

(1)の bring it back until 5：00. という表現では、「5時まで返却し続ける」という変な意味になってしまいます。(3)のように by をもちいることで「5時までに返却する」という正しい表現が可能です。(2)も正しい英文ですが、これだと「5時ピッタリに返してね」という意味になります。

【問題5の答え】 (1)

(1)は「あまりハードに働くな」ということですが、これで「もうちょっとのんびりやりなよ」といったニュアンスが出せます。(2)の earnestly は「まじめに」ということ。つまり「まじめに働くなよ」「いいかげんにやってりゃいいよ」というニュアンスになってしまいます。(3)は「そんなにはやるな、落ち着けよ」というニュアンス。これは、たとえば新入社員などが仕事に過度に熱心になっていて、そのために逆にミスを犯しそうな雰囲気のときなどに、ちょっとなだめるような感じで使えます。

【問題6の答え】 (2)

(2)がもっともよく使われる言い回し。これで「火を貸してもらえますか？」という意味になります。また、Got a light? (火はあるかい？) と言うともっと軽い口調になります。light は、この場合「灯り」ではなく、ライターの「火」のこと。(1)の Do you have a fire? は「どこかで火事があるの？」というような意味になります。(3)の Do you have a lighter? は通じますが、ネイティブは使わない言い方です。

単語問題 1

つぎの略語が表す日本語をカッコのなかに書きなさい。

(1) radar （　　）
(2) IOU （　　）
(3) UFO （　　）
(4) NASA （　　）
(5) zip （　　）
(6) IV （　　）
(7) VIP （　　）
(8) CEO （　　）
(9) PS （　　）
(10) FYI （　　）

単語問題1の答

(1) radar （レーダー）
 * radio detecting and ranging の略。detect は「検出する」、range は「地域を定める」の意味。

(2) IOU （借用証書）
 * I owe you. の略。借金のメモに書く「あなたに借りがある」という意味のひとこと。

(3) UFO （未確認飛行物体）
 * unidentified flying object の略。

(4) NASA （アメリカ航空宇宙局）
 * National Space Administration の略。

(5) zip （郵便番号）
 * zone improvement plan の略。

(6) IV （点滴）
 * intravenous の略。

(7) VIP （重要人物）
 * very important person の略。

(8) CEO （最高経営責任者・最高執行責任者）
 * chief executive officer の略。

(9) PS （追伸）
 * a postscript の略。

(10) FYI （ご参考までに）
 * for your information の略。インターネットや e メールで使われます。

Level 2／必要不可欠の常識英語をマスター！

Section 2

問題1
▶文法

つぎの日本語と一致する英文はどれでしょうか。
「4つ以上購入されると、1つ1ドルになります」
(1) They're $1.00 a piece if you buy more than four.
(2) They're $1.00 a piece if you buy more than three.
(3) They're $1.00 a piece if you buy four more.

問題2
▶生活英語

ネイティブの上司に、明日までにやってほしいという急ぎの仕事を頼まれた。「なんとかやってみます」と返事をするには、どの言い方がふさわしいでしょうか。
(1) I'll manage.
(2) I'll try.
(3) I'll go for it.

問題3
▶慣用表現

数人の友人とロックグループの話をしていたときのこと。仲間の1人が I'm hooked on U2. と言いました。U2 は世界的に有名なロックグループの名前ですが、be hooked on というフレーズはどんな意味なのでしょうか。
(1) 〜にむかつく
(2) 〜はあまり好きでない
(3) 〜にはまっている

【問題１の答】　(2)

　more than は「〜よりたくさん」という意味。「〜以上」ではありません。(1)では 4 は含まないので「5 以上」という意味になります。(3)の four more は「あと 4 つ購入すれば」という意味。なお(2)以外にも、They're $1.00 a piece if you buy four or more. という言い方もあります。

【問題２の答】　(2)

　manage は、日本の英和辞典では「なんとかする」という意味でお馴染みですが、ポジティブな意味合いではなく「仕方なく、渋々なんとかする」というニュアンスを含みます。(1)は「仕方ないですね、なんとかしますよ」といったネガティブな響きになります。(2)のように I'll try. とすればポジティブな「なんとか頑張ってみます！」というニュアンスになります。

　(3)の go for it は相手を励ますときに、Go for it!（ガンバレ）という意味で使うのがふつうです。I'll go for it. と言うと、「おれはやるぜ〜！」といった響きで、ビジネスの場面には不似合いです。

【問題３の答】　(3)

　hook とは「物を引っ掛ける鉤、フック」のこと。hooked はこの語の形容詞で「引っかかった」という意味。ここから be hooked on... は「…に夢中になって」「…に病みつきになって」といった意味でも使われます。I'm hooked on U2! は、「私、U2 に夢中なの！」という意味というわけです。

問題4　　　　　　　　　　　　　　　　▶日常会話

　友達と話をしていましたが、途中で少し話が横道にそれてしまいました。話を元に戻すために、一区切り付いたところで、「どこまで話してたっけ？」と言いたい。こんなとき、英語ではなんと言えばいいでしょうか。
(1)　Where did we go wrong?
(2)　Where were we?
(3)　Where have we been?

問題5　　　　　　　　　　　　　　　　▶慣用表現

　朝、会社へ行く途中、ネイティブの同僚に会いました。すると彼がこんな言葉を口にしました。You seem to have bed head. さて、これはどういう意味でしょうか。
(1)　すっぴんなんだね
(2)　眠そうな顔をしているね
(3)　寝癖がついているよ

問題6　　　　　　　　　　　　　　　　▶英文読解

　つぎの英文はあるネイティブの日記の抜粋です。日記の内容と一致する選択肢を1つ選びなさい。

　I divorced my husband three years ago, and it's been really tough on my son. I know he needs a father, but I'm just focusing on making ends meet right now.

　　　　　　　　　　　　　　　　　　＊tough＝つらい
(1)　この女性は、夫が息子につらく当たったので離婚した
(2)　この女性は夫と復縁したいと思っている
(3)　この女性は経済的に苦しんでいる

【問題４の答】 (2)

(2)は直訳すると、「私たちはどこにいましたか？」ですが、これで「どこまで話したっけ？」というニュアンスになります。

(1)は「ぼくたちどこでおかしくなったんだろう？」という意味ですが、これは別れ話をしているカップルが「あんなに愛し合っていたのに……」と言うような場合によくもちいる言い回しです。(3)は(2)を現在完了形にした表現ですが、「ぼくたちこれまでにどこに行ったっけ？」という意味になり、「どこまで話したっけ？」という意味にはなりません。

【問題５の答】 (3)

bed head（ベッド頭）といえば「寝癖」のこと。ちなみにセンテンスのなかの You seem to... は、やや遠慮がちに「なんだか～みたいだよ」と、遠回しなニュアンスを出すときに使える表現です。

【問題６の答】 (3)

全訳：「私は３年前に夫と離婚（divorced）しました。それは息子にとって非常につらいことでした。息子には父親が必要だとは思います。しかし、いまは生計を立てる（making ends meet）ことだけに集中（focusing）しています」

it's been really tough on my son は「離婚が息子にとってつらいことだった」ということです。

make ends meet は「家計の帳尻を合わせる」、つまり「なんとか生活をする」という意味のフレーズ。

単語問題 2

つぎの日本語を英語にしなさい。

(1) いわし　　（　　　）
(2) まぐろ　　（　　　）
(3) いか　　　（　　　）
(4) えび　　　（　　　）
(5) たこ　　　（　　　）
(6) かに　　　（　　　）
(7) 貝　　　　（　　　）
(8) くじら　　（　　　）
(9) イルカ　　（　　　）
(10) サメ　　　（　　　）

単語問題 2 の答

(1) いわし　　　（sardine）
(2) まぐろ　　　（tuna）
(3) いか　　　　（squid）
(4) えび　　　　（lobster/shrimp/prawn）
　＊ lobster は「大えび、伊勢えび」、prawn は「車えび、手長えび」、shrimp は「小えび」を指します。
(5) たこ　　　　（octopus）
(6) かに　　　　（crab）
(7) 貝　　　　　（shellfish/clam）
(8) くじら　　　（whale）
(9) イルカ　　　（dolphin）
(10) サメ　　　　（shark）

Section 3

問題1 ▶慣用表現

今日、彼女とのデートをうっかり忘れてしまいました。そして夜、彼女から電話があり、Are you two-timing me? と言われました。

この two-timing とはどういう意味でしょうか。正しいものをつぎから選びなさい。
(1) 2回すっぽかす
(2) 2番手扱いする
(3) 浮気する

問題2 ▶日常会話

ひどい台風の日に、出かけていこうとする夫にかける言葉として、もっともふさわしいのは、つぎのうちどれでしょうか?
(1) You can't go out now.
(2) You must not go outside now.
(3) You don't go outside now.

問題3 ▶生活英語

「オーブンの火をつけてね」と言うとき、カッコに入れるのにもっとも適切な語句はどれでしょうか。

Let's (　　　) the oven.
(1) turn on
(2) fire up
(3) heat up

【問題１の答】 (3)

two-time とは「二股をかける」「恋人などを裏切る」「浮気する」という意味の動詞。同じ意味で cheat on someone もあり、Are you cheating on me?（あなた浮気しているんじゃない？）のように使います。

【問題２の答】 (1)

can't を使った(1)が正解。この場合の can't は、そうできる状態にないという理由で相手を制止するニュアンスで、「いまは出かけられないよ」という感じです。

must not を使った(2)は、Japanese government must not ignore the refugees from Asian countries.（日本政府はアジア諸国の難民を無視するべきではない）といった道義的な義務について述べるフレーズで、日常会話ではおかしなニュアンスになります。(3)は不自然で、ネイティブは使わない言い回しです。

【問題３の答】 (1)

(2)の fire up は、かまどに火を付けるときなどに使う表現です。(3)の heat up は、「…を温める」という意味になってしまいます。オーブンを付けるときは、テレビを付けるときと同じように turn up を使います。

Level 2／必要不可欠の常識英語をマスター！

問題4　　　　　　　　　　　　　　　　▶英文読解

つぎの文章はイースター島について説明しています。この英文の内容と一致するものを選択肢から1つ選びなさい。

Easter Island is part of the country Chile, but most Chileans refer to its inhabitants as simply "the islanders." It's one of the most remote places on earth and is actually closer to Tahiti than the coast of Chile.

(1) Easter Island is an important part of Chile.
(2) Easter Island is a small island country.
(3) Easter Island is a very remote part of Chile.

問題5　　　　　　　　　　　　　　　　▶文法

「その件について議論しましょう」という日本語の文を正しく英訳しているのは、つぎの選択肢のうちどれでしょうか。

(1) Let's discuss about the matter.
(2) Let's discuss on the matter.
(3) Let's discuss the matter.

問題6　　　　　　　　　　　　　　　　▶生活英語

コーヒーお代わり自由のレストラン。お代わりをお願いしたいのですが、ウェイトレスにどう言えばいいでしょうか。つぎの選択肢からもっともふさわしい表現を選びなさい。

(1) Can you fill me in?
(2) Can you fill it out?
(3) Can I get a refill?

【問題４の答】 (3)

全訳:「イースター島はチリの一部ですが、ほとんどのチリ人 (Chileans) はイースター島の住人 (inhabitants) を単に「島民」(the islanders) と呼んでいます。イースター島は地球上でもっとも隔絶された場所 (remote places) であり、じっさいチリの沿岸までの距離よりもタヒチまでの距離のほうが近い (closer) のです」

(1)の「イースター島はチリの重要な一部だ」という記述は本文にはありません。(2)の「イースター島は小さな島国だ」は、最初のセンテンスの it is a part of Chile 「チリの一部です」と矛盾します。

正解は(3)の「イースター島はチリの非常に隔絶した地域である」です。

【問題５の答】 (3)

discuss(議論する)という動詞は、自動詞でなく他動詞です。そのため前置詞をもちいずに直後に名詞を置きます。「〜について」という日本語につられて about や on などを入れないようにしましょう。

【問題６の答】 (3)

(1)の fill... in は「〜を満たす」ということですが、目的語を人 (ここでは me) にすると、「人に情報、経緯等を与える」という意味になります。つまり「どうなっているか教えて」というニュアンスになるのです。(2)の fill... out は「記入する」という意味。(3)の refill はじつは「お代わり」の意味。化粧品などの詰め替え容器を「リフィル」とも言いますね。

単語問題 3

カッコのなかに適当な1語を入れて、試験や成績にまつわる日本語を英語にしなさい。

(1) 得点　　　　　　（　　　）
(2) 満点　　　　　　（　　　） score
(3) 偏差値　　　　　（　　　） standard
　　　　　　　　　　（　　　） score
(4) 入学試験　　　　（　　　） test/exam
(5) 卒業試験　　　　（　　　） test/exam
(6) 中間試験　　　　（　　　） exam
(7) 期末試験　　　　（　　　） exam
(8) 筆記試験　　　　（　　　） test
(9) 聴き取り試験　　（　　　） test
(10) 面接試験　　　　（　　　） test

単語問題 3 の答

(1) 得点　(point/score)
(2) 満点　(perfect) score
  * perfect score は米国の英語、full marks は英国の英語。「0 点」は zero で OK です。
(3) 偏差値　(adjusted) standard/(deviation) score
(4) 入学試験　(entrance) test/exam
(5) 卒業試験　(graduation) test/exam
(6) 中間試験　(mid-term) exam
  * mid-term は「学期半ばの」という意味。
(7) 期末試験　(final) exam
(8) 筆記試験　(written) test
  * written test と過去分詞で表現することに注意しましょう。
(9) 聴き取り試験　(listening-comprehension) test
  * hearing test (ヒアリングテスト) は和製英語です。
(10) 面接試験　(interview) test
  * 就職の面接試験もこの表現を使います。

Section 4

問題 1
▶生活英語

会社の同僚と飲みに行きました。今日は給料日前なので割り勘にしたい。英語で「割り勘にしよう」というとき、間違っている言い方を1つ選びなさい。

(1) Why don't we split it?
(2) Let's split the bill.
(3) Let's pay half.

問題 2
▶文法

「アンディの能力にはとても驚きました」というセンテンスを作ってください。態や品詞に注意して、下線部に入る正しい語句を1つ選びなさい。

I was quite _____ by Andy's ability.

(1) impressed
(2) impressive
(3) impressing

問題 3
▶慣用表現

友達を遊びに誘ってみたところ、「ダメなんだ」という返事が返ってきました。

理由をたずねると、I'm broke. とのこと。この be broke とはどういう意味でしょうか。

(1) 体調を壊している
(2) 骨折している
(3) お金がない

【問題1の答】 (3)

　(3)だけが間違いです。これでは「残りの半分は払わずに、半分だけ支払いをしよう」と受け取られてしまいます。ほかの2つの表現は、どちらも「割り勘にしよう」という意味で、3人以上で割り勘にする場合でも使えます。**split the bill [it] は「勘定書を分ける」、つまり「勘定を割る」という意味になるのです。**

【問題2の答】 (1)

　(1)は過去分詞、(2)は形容詞、(3)は現在分詞を使った表現ですが、正解は(1)。受動態の過去形ですから、was quite impressed で「非常に強く印象づけられた」=「とても驚いた」という意味になります。

　(2)の impressive（印象的）は His performance in the debate was very impressive.（彼のディベートでの活躍は非常に印象的だった）といった文、(3)の現在分詞は、She was impressing me with her knowledge of wine.（彼女はワインの知識で私に印象を残そうとしていた）のような文で使えます。

【問題3の答】 (3)

　break（折る）という動詞の過去分詞ならば、broken と表記されるはずですが、ここでは broke となっています。よって**この broke は形容詞で、「破産した」「金欠状態の」「無一文の」という意味**になります。

　したがって、I'm broke. は「金がないんだよ」ということ。go broke は、「破産する、無一文になる」という意味です。

Level 2／必要不可欠の常識英語をマスター！

問題4 ▶英文読解

つぎの文はあるネイティブが同僚に宛てたeメールの一部です。文中の good chance の意味としてふさわしいものを選択肢のなかから1つ選びなさい。

Only a small number of people have signed up for the seminar. I thought more people would be interested in it. As things stand now, there's a good chance we'll have to cancel it. ＊sign up＝参加登録する

(1) high possibility
(2) good luck
(3) good opportunity

問題5 ▶生活英語

ネイティブの友人と街を歩いていると、いきなり頭上からものが落ちてきた。「危ない！」と英語で声を出したいが、この場合どの言い方がもっとも適切でしょうか。

(1) Duck!
(2) Heads up!
(3) Hit the ground!

問題6 ▶日常会話

「明日は雪になるかなあ」と友人にたずねられました。はっきりわからないので「さあねえ」という感じのあいまいな返事をしたい。つぎのうち、ネイティブがこのようなニュアンスで使わないフレーズを1つ選びなさい。

(1) Can't talk.
(2) I wonder.
(3) Can't say.

【問題4の答】 (1)

全訳:「セミナーに参加登録したのは、ほんのわずかな人数でした。もっと多くの人が興味を持つと思ったのですが。こういう状況になったので、(セミナーを)キャンセルしなければならない可能性も大です」

good chance の chance は、ここでは日本語の「チャンス」と同じ意味ではなく、「可能性」という意味で使われているのです。

各選択肢の意味は、それぞれ、(1)高い可能性、(2)幸運、(3)よい機会。

【問題5の答】 (2)

Heads up! は「頭を上げてよく見ろ!」=「危ない!」という意味になるフレーズです。(1)の Duck! は、出入り口の高さが低いときなど、頭を下げる必要があるときに使われます。(3)は、「伏せろ!」という意味。ピストルの弾を避けなければならないような危険が迫っているときに使います。

【問題6の答】 (1)

(2)の I wonder. (私は疑問に思う) は、「どうかなあ」という感じで使えます。また(3)の Can't say. (言うことができない) は I can't say for sure. (はっきりとは言えない) というフレーズを短くしたもので、「さあねえ」という感じで使えます。(1)は「いまは話せない」という意味で、「いまはのどを痛めていて声が出ない」とか、「いまは忙しいので、あとで話します」といったような状況で使う表現です。

単語問題 4

カッコのなかに人の性格を表す英単語を入れなさい。

(1) 信頼に足る人　　　　（　　　）person
(2) 尊敬できる人　　　　（　　　）person
(3) 心の広い人　　　　　（　　　）person
(4) 厳格な人　　　　　　（　　　）person
(5) 騒々しい人　　　　　（　　　）person
(6) ひょうきんな人　　　（　　　）person
(7) 悪人　　　　　　　　（　　　）person
(8) 心（根）の優しい人　（　　　）person
(9) 明るい人　　　　　　（　　　）person
(10) 感情的な人　　　　　（　　　）person

単語問題 4 の答

(1) 信頼に足る人　(reliable) person
　＊「信頼できない人」は unreliable person です。
(2) 尊敬できる人　(respectable) person
(3) 心の広い人　(broad-minded) person
　＊対義語は (narrow-minded) person (心の狭い人)。
(4) 厳格な人　(strict) person
(5) 騒々しい人　(noisy) person
　＊「物静かな人」は (quiet) person。
(6) ひょうきんな人　(funny) person
　＊「堅苦しい人」は (stiff) person。
(7) 悪人　(evil) person
　＊「善人」は (good) person で OK です。
(8) 心(根)の優しい人 (kind-hearted) person
(9) 明るい人　(cheerful) person
　＊「暗い人」は (gloomy) person。
(10) 感情的な人　(emotional) person

Section 5

問題 1
▶慣用表現

金曜日の退勤時間に、同僚が TGIF! とひとこと。さて、この TGIF とはどんな文を略したものでしょうか。

(1) Thank God I'm free!
(2) Thank God it's Friday!
(3) Thank God I'm finished!

問題 2
▶文法

つぎの英文の下線部に入る語を1つ選びなさい。

It's _____ difficult to get reservations to that restaurant because it's so popular.

(1) extremity
(2) extreme
(3) extremely

問題 3
▶英文読解

つぎの英文を読み、質問の答えを1つ選びなさい。

I don't want any fair weather friends in my life. I want people I can count on to be there for me when things are good or bad.

質問：What is the best description of a "fair weather friend"?

(1) a friend you spend time outdoors with
(2) a friend who is dishonest
(3) a friend who just takes advantage of you

【問題１の答】 (2)

正解は(2)の Thank God it's Friday! これは「神様感謝します、やっと金曜日です！」というのが直訳。「やっと週末だ〜！」と仕事から解放される喜びを表現するときに使うフレーズです。

(1)の I'm free. は「私は自由だ」、(3)の I'm finished. は「終わった」という意味ですが、ともに TGIF と略されることはありません。

【問題２の答】 (3)

「あのレストランは人気があるので、予約を取るのは極端に難しい」という意味の文にします。difficult（難しい）という形容詞を修飾させるためには、副詞をおぎなう必要がありますから、正解は(3)の extremely となります。

語尾が -ly になっている単語は、ほとんどの場合、副詞です。

【問題３の答】 (3)

全訳：「私の人生には『晴れの日だけの友達』は不要です。私がどんな境遇にあっても (when things are good or bad) 頼れる (count on) 友達にいてほしいのです」

fair weather friend は「お天気のときの友達」が直訳。要するに、相手がうまくいっているときだけ友人関係でいて、利用しようとする人間を指します。

この説明に当たるのは選択肢のうちの(3) a friend who just takes advantage of you（単にあなたを利用しようとする友達）です。

問題4　▶日常会話

お酒の大好きな上司が、もう一杯どうだと勧めてくれました。自分としては、もう限界なので、「いえいえ、もう結構です」と遠慮したい。この場に適した表現はどれでしょうか。

(1) I can't take any more.
(2) I'm good, thanks.
(3) That's good, thanks.

問題5　▶慣用表現

上司にプロジェクトの進捗(しんちょく)状況をたずねられました。「いまのところ順調に進んでいます」と英語で返事をしたいのですが、こんなときはどの表現を使えばきちんとニュアンスが伝わるでしょうか。

(1) So far, so good.
(2) It's a smooth ride.
(3) It could be better.

問題6　▶生活英語

外国人のお客さんに「支払いはカードにしますか、現金にしますか」とたずねたい。つぎのうちどの言い方が適当でしょうか。

(1) Will that be money or card?
(2) Will that be cash or card?
(3) Will that be cash or charge?

【問題4の答】 (2)

(1)の言い方では、「もうこれ以上酒は飲めん！」という感じに響き、上司に対しては不適切。(2)は、よく使われる表現で、「ええ、いただきます」ではなく、「いまのままで大丈夫」つまり、「もう十分です、私は結構です」と、ていねいに断るときの表現で、No, I'm good.（いいえ、私は十分です）も同じ。また I'm okay. も「私はもう結構です」という断りの表現ですが、同じ good でも、(3)のような形でもちいると、「それはおいしいですね。いただきます」という意味になります。

【問題5の答】 (1)

(1)の so far は「いまのところ」、so good は「とても順調」という意味。So far, so good. で「いまのところ順調です」というイディオム。(2)の It's a smooth ride. は「スムーズに進む乗り物」の話をしているように聞こえます。(3)は「もっとうまくいくはず」つまり「あまりよくない」という意味。How are you?（元気？）と聞かれて「あまりよくない」と答えたいような場合にもちいます。

【問題6の答】 (3)

支払いの場面では**「お金」は cash（現金）、「カード」は charge** と表現します。cash の代わりに money を使ったり、charge の代わりに card と言うことはほとんどありません。ただし例外的に、Are you planning to use a credit card?（クレジットカードでお支払いですか？）のような使い方をする場合はあります。

単語問題 5

〔A〕つぎの交通標識の意味を書きなさい。

(1) NO TURNS　　　　　(　　　)
(2) DO NOT PASS　　　 (　　　)
(3) ONE WAY　　　　　(　　　)
(4) NO PARKING　　　　(　　　)
(5) SPEED　LIMIT　75　(　　　)

〔B〕つぎの単語はすべて自動車に関する和製英語です。カッコ内に正しい英語を書きなさい。

(1) ガソリンスタンド　　(　　　) station
(2) パトカー　　　　　　(　　　) car
(3) パンク　　　　　　　(　　　) tire
(4) オートバイ　　　　　(　　　)
(5) クラクション　　　　(　　　)

単語問題5の答

〔A〕
(1) NO TURNS　　　　　　（右左折禁止）
(2) DO NOT PASS　　　　（追い越し禁止）
(3) ONE WAY　　　　　　（一方通行）
(4) NO PARKING　　　　（駐車禁止）
(5) SPEED LIMIT 75　　（制限時速75マイル）

〔B〕
(1) ガソリンスタンド　　（gas/petrol）station
　＊gas station（米）、petrol station（英）。
(2) パトカー　　　　　　（police）car
(3) パンク　　　　　　　（flat）tire
　＊flat は「ぺしゃんこの」。
(4) オートバイ　　　　　（motorcycle/bike）
(5) クラクション　　　　（horn）
　＊「クラクション」は商標名です。

Section 6

問題 1
▶生活英語

取引先の会社の応接室で「コーヒーか紅茶でもいかがですか」とたずねられた。ふさわしくない返事はどれか。
(1) Coffee sounds good.
(2) Coffee is fine.
(3) Coffee is okay.

問題 2
▶文法

つぎの日本語の内容を正しく表した英文を、選択肢から選びなさい。「私は彼女と話すのがとても心配だった」
(1) I was anxious to talk to her.
(2) I was anxious about talking to her.
(3) I was anxious for talking to her.

問題 3
▶英文読解

つぎの英文のなかに出てくる opposites attract ということわざの意味を、選択肢のなかから選びなさい。

They say *opposites attract*. That's the case with us. We don't have anything in common, but we've stayed together all this time, and we're happy together.

(1) Men and women are meant to be together.
(2) People with different personalities tend to be attracted to each other.
(3) Couples who have to live far away from each other.

【問題1の答】 (3)

(1)は「コーヒーがいいですねぇ」、(2)は「コーヒーで構いませんよ」という言い方。どちらもこの場合の返事として使えるものです。

(3)は「まあコーヒーでいいかな」といった失礼な響きになりますので使えません。

【問題2の答】 (2)

be anxious about... で「〜が心配で仕方ない」という意味を表します。

(1)の be anxious to... は「〜が楽しみで仕方ない」、(3)の be anxious for... は「〜を切望する」の意。anxious は多義語なので、注意が必要です。

【問題3の答】 (2)

全訳:「『正反対は惹かれ合う』というが、ぼくらもそうだ。なにも共通するものなどないが、ずっと一緒に生きてきたし、いまも一緒にいて幸せだ」

本文の We don't have anything in common, but we've stayed together all this time, and we're happy together. という1文が理解できれば、正解が(2)であることがわかるでしょう。

選択肢の意味はそれぞれ、(1)「男と女は一緒になる運命だ」、(2)「異なる性格の人がお互いに惹かれ合う傾向にある」、(3)「お互いに離ればなれに暮らさなければならないカップル」となります。

問題4　　　　　　　　　　　　　　　　　▶生活英語

どのくらいアメリカに住んでいるのかというネイティブの質問に、「もう3年になります」と答えると、続けざまに How are you finding it? とたずねられました。このセンテンスの意味として正しいものを選択肢から1つ選びなさい。
(1) アメリカでなにか見つけたかい？
(2) アメリカはどうだい？
(3) どうやってアメリカに来ようと思ったの？

問題5　　　　　　　　　　　　　　　　　▶慣用表現

浮かない顔をしているネイティブの友人男性。「どうしたんだい？」と声をかけると、Jane blew me off again. という言葉が返ってきました。

blow off の意味として正しいものはつぎのうちどれでしょうか。
(1) 浮気する
(2) 平手でひっぱたく
(3) 異性を袖にする

問題6　　　　　　　　　　　　　　　　　▶日常会話

会社の先輩からプレゼントをもらいました。そこで、「まぁ、そんなことしてくださらなくても」という気持ちを英語で伝えたい。つぎのうちのどの言い方が適切でしょうか。
(1) You shouldn't have.
(2) I wish you hadn't.
(3) You didn't have to.

【問題４の答】　(2)

　この場合、正解は(2)の「アメリカはどうだい？」ということになります。じつは、この How are you finding it? というフレーズは、How are you liking it?（アメリカは気に入ったかい？）という文と同じ意味になるのです。How are you finding it? は、よその国、ほかの街などに引っ越してきた人、新しい仕事に就いた人に、新しい環境についてたずねるひとことなのです。

【問題５の答】　(3)

　blow off はもともと「吹き払う」「吹き消す」という意味ですが、転じて「デートの申し込みを断る」「相手を袖にする」「異性を振る」といった意味合いでよく使われるフレーズです。つまり Jane blew me off again. は「ジェーンにまた振られたんだ」という意味なのです。

【問題６の答】　(1)

　(1) should（…すべき）をもちいているので、「あなたはそんなことすべきじゃなかったのに」と相手を責めている表現だと思った人もいるかもしれません。状況によっては、そういう意味の場合もありますが、プレゼントをくれた相手に対して使うと、「まぁ、わざわざそんなことしてくださらなくても」という日本語に近い響きになり、プレゼントへの感謝の気持ちを伝えることもできる表現なのです。(2)の I wish you hadn't. は「そんなものくれなきゃよかったのに」というとても失礼な言い方です。(3)は完全な間違いではありませんが「そんなに必要なかったのに」というぶしつけな響きになります。

単語問題 6

カッコのなかに英単語を1つ入れて、つぎの結婚に関する日本語を英語に直しなさい。

(1) 初婚　　　　（　　　）marriage
(2) 早婚　　　　（　　　）marriage
(3) 見合い結婚　（　　　）marriage
(4) 社内結婚　　marriage between（　　　）
(5) 国際結婚　　（　　　）marriage
(6) 事実婚　　　（　　　）marriage
(7) 再婚　　　　（　　　）marriage
(8) 既婚の　　　（　　　）
(9) 成田離婚　　（　　　）divorce
(10) 別居している（　　　）

単語問題6の答

(1) 初婚　　　　(first) marriage
(2) 早婚　　　　(early) marriage
　＊「晩婚」は late marriage です。
(3) 見合い結婚　(arranged) marriage
　＊「恋愛結婚」は love marriage と表現します。
(4) 社内結婚　　marriage between (employees)
　＊「従業員間の結婚」と表現できます。
(5) 国際結婚　　(international) marriage
(6) 事実婚　　　(common-law) marriage
(7) 再婚　　　　(second) marriage
　＊ remarriage とも言います。
(8) 既婚の　　　(strategic) marriage
(9) 成田離婚　　(post-honeymoon) divorce
　＊英語では「ハネムーンあとの離婚」と表現できます。
(10) 別居している (separated)

Section 7

問題1
▶文法

同僚の外国人に、「あなたはそのミーティングに出席する必要はありませんよ」と言いたい場合、どの言い方が適切でしょうか。
(1) You don't need attend the meeting.
(2) You don't need to attend the meeting.
(3) You don't need to attend to the meeting.

問題2
▶慣用表現

レストランで食事をしたあと、それぞれの支払いを細かく計算していると、一緒に来ていたネイティブ男性に Let's not split hairs. と言われました。この表現の意味はつぎのうちどれでしょうか。
(1) 細かいことを気にするなよ
(2) 少しも間違えないでくれよ
(3) 誰かがまとめて払えばいいよ

問題3
▶生活英語

レストランのレジで支払いをしようとすると、一緒にいたネイティブが Let me get it. と声をかけてきました。このフレーズの意味として正しいものを1つ選びなさい。
(1) ぼくがおごるよ
(2) 自分の分は払うよ
(3) ごちそうさまでした

【問題１の答】　(2)

attend と attend to の意味の違いに気を付けましょう。attend は「〜に出席する」という意味ですが、attend to... は I had to attend to my sick mother yesterday.「昨日は病気の母の面倒を見なければならなかった」のように「〜の面倒を見る」というまったく違った意味になります。また need は need to do の形でもちいなければならないので、(1)は間違いです。

【問題２の答】　(1)

split は「細かく裂いて分割する」「分割する」といった意味合いの動詞。split hairs は「髪の毛を細かく裂く」という意味ですが、ここから転じて「細かなことにこだわる」という意味で使われています。Let's not split hairs. という表現にすると、「細かなことは気にするな」「細かなことにこだわるな」という意味になるのです。

【問題３の答】　(1)

Let me get it. の it は、この場合「勘定」のこと。Let me get it. で「勘定はぼくに任せて」「ぼくがおごるよ」という意味になります。同じ意味になる言い回しには I'll get it. (勘定はぼくがもつよ)、My treat. (ぼくのおごりだ)もありますので、併せて覚えておきましょう。

問題4　　　　　　　　　　　　　　　　　▶英文読解

〔A〕の英文を読んで、その内容と合うように、〔B〕の英文を完成させなさい。

〔A〕I am sorry that I didn't have time to read your e‑mail carefully. Please accept my apology for the confusion my earlier reply must have caused.

〔B〕From reading this, we can guess that the earlier reply :

(1) was too rude.
(2) contained inaccurate information.
(3) was sent to the wrong person.

問題5　　　　　　　　　　　　　　　　　▶日常会話

友達と偶然出会って、「元気？」と声をかけられました。よくも悪くもなく「ふつう」、つまり「まあまあだよ」という感じの返事をしたい。この場合、つぎのうちどの表現が適当でしょうか。

(1) Don't ask.
(2) I'm hanging in there.
(3) Not too bad.

問題6　　　　　　　　　　　　　　　　　▶生活英語

外国企業から会社に電話がかかってきました。呼び出してほしいと言われた人は席を外しているのですが、つぎのうちどの受け答えをするのがふさわしいでしょうか？

(1) He's not in now.
(2) He's away from his desk right now.
(3) He just stepped out.

【問題４の答】 (2)

全訳：「ｅメールをきちんと（carefully）読む時間がなかったことを申し訳なく思います。私の前の返事であなたを混乱(confusion)させてしまったことを、心よりお詫び（apologize）いたします」

「メールをきちんと読む時間がなかった」「あなたに混乱を与えた」という部分から、なんらかの inaccurate information（不正確な情報）を与えたことが推察できます。(1)の rude は「ぶしつけ」という意味。

【問題５の答】 (2)

(1)は物事がうまくいってないときに「聞かないで…」というニュアンスで返すときの表現です。

(3)は直訳すると「それほど悪くはない」ということですが、じっさいには「なかなかいいよ」というニュアンスになる言い回しなので、注意が必要です。

(2)の I'm hanging in there. は直訳すると「まだそこにぶら下がってます」という意味ですが、これは「まあなんとかやってますよ」ということ。つまり、「まあまあだよ」という日本語に近いニュアンスになるのです。

【問題６の答】 (2)

(2)の He's away from his desk right now. という言い方を使えば、「席を外しています」という意味になります。away from his desk は「彼の席から離れて」という意味のフレーズ。(1)は「ただいま社外に出ております」、(3)は「外出しております」という意味になり、いずれも不的確です。

単語問題 7

〔A〕つぎの日本語を英語にするとき、カッコのなかに入る1語を書きなさい。ただし、カッコ内のアルファベットではじまる1語とします。

(1) 虫歯　　　　（c　　　　）
(2) 親知らず　　（w　　　　）teeth
(3) 差し歯　　　（f　　　　）teeth
(4) 前歯　　　　（f　　　　）teeth
(5) 奥歯　　　　（b　　　　）teeth

〔B〕つぎの日本語は本に関するものです。日本語と一致する英語を、カッコのなかに単語を入れて完成させなさい。

(1) カバー　　book（　　　）
(2) 表紙　　　（　　　）of a book
(3) 裏表紙　　（　　　）cover of a book
(4) 索引　　　book（　　　）
(5) 目次　　　table of（　　　）

単語問題 7 の答

〔A〕
(1) 虫歯　　　　（ cavity ）
(2) 親知らず　　（ wisdom ） teeth
(3) 差し歯　　　（ false ） teeth
(4) 前歯　　　　（ front ） teeth
(5) 奥歯　　　　（ back ） teeth
　＊molar と 1 語で表現することもあります。

〔B〕
(1) カバー　book（jacket）
　＊「カバー」は jacket という語で表現します。
(2) 表紙　（cover）of a book
　＊紛らわしいのですが、「表紙」は cover と言います。
(3) 裏表紙　（back）cover of a book
　＊cover（表紙）と back cover（裏表紙）は対にして覚えましょう。
(4) 索引　book（index）
(5) 目次　table of（contents）
　＊直訳すると「中身の表」です。

Level 2／必要不可欠の常識英語をマスター！

Section 8

問題 1
▶慣用表現

「今度こそ禁酒する」と張り切っていた友人が、その翌日には大酒をくらっていました。彼にひとこと「言うは易し、おこなうは難しだね」と言ってやりたい。この場合、つぎのうちどの表現が正しいでしょうか。

(1) Easier said than done.
(2) That's easier than it looks.
(3) That's easier than it sounds.

問題 2
▶日常会話

夫が遠くから声をかけてきましたが、キッチンで料理していたのでうまく聞き取れませんでした。「もう一度言って」と英語でたずねるときのフレーズとして、ふさわしくないものを1つ選びなさい。

(1) Come again?
(2) Go again?
(3) What was that?

問題 3
▶文法

下線部に正しい語を入れて、「紅茶よりコーヒーが好きです」という文を完成させなさい。

I prefer coffee _____ tea.

(1) to
(2) than
(3) as

【問題1の答】 (1)

正解は(1)の Easier said than done. で、「やり遂げる (done) よりも言うのはより簡単 (easier) だ」という意味。「言うは易し、おこなうは難し」とほぼ同じ意味です。

(2)と(3)は easier の部分が harder になっていれば、センテンスとしては正しくなりますが、ニュアンスとしては「思った以上に (見た目以上に) 難しいことだよね」という感じになります。

【問題2の答】 (2)

(1)は直訳すると「もう一度来て？」という変な疑問文ですが、「もう一度言って」という意味になります。この疑問文は、「言ってくれない？」と頼んでいるのです。また(3)の What was that? は直訳すると「それってなんだったの？」ですが、これもやはり「いま、なんて言ったの？」という感じで、相手の言葉を聞き返すときによく使うフレーズ。

(2)の Go again? はこのままだと不自然な表現ですが、疑問符（?）をピリオド（.）に変え、Go again. という形にすれば、「もう一度言え」という、かなりぶしつけな命令になります。

【問題3の答】 (1)

ふつうの比較級だったら I like coffee better than tea. と than をもちいて表現しますが、これは比較級ではなく「〜をより好む」という動詞 prefer をもちいた表現です。**prefer A to B で「A より B を好む」という意味**になります。

問題4　　　　　　　　　　　　　　▶生活英語

会社のファックスが故障したので、機械に強そうな同僚に、修理を頼めるかどうかたずねようと思います。下線部に適切な助動詞を入れ、会話を完成させなさい。

_____ you repair the fax?

(1) Can
(2) Could
(3) Can't

問題5　　　　　　　　　　　　　　▶日常会話

長いこと会ってなかった友達に道端でばったり出会いました。「久しぶり！」と声をかけたいのですが、そんなときに使える表現はつぎのうちどれでしょう？

(1) Long time no see!
(2) How are you?
(3) How have you been for a long time?

問題6　　　　　　　　　　　　　　▶英文読解

〔A〕の英文を読んで、その内容に合うように〔B〕の英文を完成させなさい。

〔A〕A millionaire is someone who can smell opportunities the way a bear smells honey!

〔B〕In this sentence, millionaires and bears are being:

(1) compared.
(2) contrasted.
(3) described.

【問題4の答】 (1)

設問中の「同僚に修理が頼めるかどうか」という部分がカギ。相手がそれをする能力があるかどうかたずねるのが先決で、能力を問う Can you...? の疑問文を使うと、「あなた、ファックスの修理はできる？」という意味になります。(2)の Could you...? は、「ファックスの修理をしてもらえませんか？」と、相手が修理できるかどうかわからないのに頼んでいることになってしまいます。(3)は「ファックスの修理もできないのか？」と相手を批判しているニュアンスになります。

【問題5の答】 (1)

Long time no see. は直訳すると「長い間、ぜんぜん会ってない」ですが、これで、久しぶりに会った友人へのあいさつの言葉になります。(2)は、平凡かつ無味乾燥な「こんにちは」というあいさつで、久しぶりに会った友人にはふさわしくありません。(3)はネイティブは使わない言い回しです。

【問題6の答】 (1)

全訳：「大金持ち（millionaire）とはクマがハチミツの匂い（smell）をかぎつけるように、チャンスの匂いをかぎつける人のことだ」

英文のなかでは「クマ」と「大金持ち」は似たものとして描かれていますから(2)の contrasted（対照されている）は不正解です。(3)の describe は単に「述べられている」という意味ですから、正解としては(1)の compared（比較されている）の方が適切です。

単語問題 8

〔A〕公園にある子どもの遊具を英語に直してカッコのなかに書きなさい。

(1) ブランコ　　　　　　（　　　）
(2) 滑り台　　　　　　　（　　　）
(3) ジャングルジム　　　（　　　） gym
(4) うんてい　　　　　　（　　　） bars
(5) 砂場　　　　　　　　（　　　）

〔B〕つぎの試験にまつわる日本語に対応する英語をカッコのなかに1語を入れて完成させなさい。

(1) 穴埋め問題　　　（　　　） question
(2) 並べ替え問題　　（　　　） question
(3) 正誤問題　　　　（　　　） question
(4) 選択問題　　　　（　　　） question
(5) 小論文問題　　　（　　　） question

単語問題 8 の答

〔A〕
(1) ブランコ　　　　　（swings）
　＊swing は動詞では「揺れる」の意。
(2) 滑り台　　　　　　（slide）
　＊slide は動詞では「滑る」の意。
(3) ジャングルジム　　（jungle）gym
(4) うんてい　　　　　（monkey）bars
　＊「お猿のバー（棒）」と表現します。
(5) 砂場　　　　　　　（sandbox）
　＊英語では「砂の箱」と表現します。

〔B〕
(1) 穴埋め問題　　　（fill-in-the-blank）question
　＊fill-in-the-blank は「穴を埋める」という意味。
(2) 並べ替え問題　　（arrange-in-order）question
　＊put in order で「順に並べる」。
(3) 正誤問題　　　　（true-false）question
(4) 選択問題　　　　（multiple-choice）question
　＊multiple-choice は「複数選択式の」の意。
(5) 小論文問題　　　（essay）question

Section 9

問題 1
▶生活英語

取引先の外国企業から電話がかかってきました。相手が自分と話をしたいと言ったので、「私ですが」と返事をしたい。つぎのうちふさわしくない言い方を1つ選びなさい。
(1) Speaking.
(2) Talking.
(3) This is she./This is he.

問題 2
▶慣用表現

新しいパソコンを買ってきたネイティブの同僚。値段をたずねると、It cost me an arm and a leg. という返事が返ってきました。このフレーズの意味は、つぎのうちどれでしょうか。
(1) とても安い値段だった
(2) 手ごろな価格だった
(3) ものすごい額だった

問題 3
▶文法

「そんなことをすべきでなかった」という意味を正しく表している英文はどれでしょうか。
(1) I shouldn't have done that.
(2) I should have not done that.
(3) I should have done not that.

【問題１の答】　(2)

(1)は「話していますよ」という意味で、「話している私が、あなたが呼び出したい人物です」というニュアンスです。

(3)の This is she. は「こちらが彼女です」＝「本人です」という意味で、これは女性が用いるフレーズ。男性なら she を he にして This is he. と言います。(2)は英語では使わない言い回しです。

【問題２の答】　(3)

cost me an arm and a leg は「腕一本と脚一本分の代償がかかった」つまり、非常に高額だったということ。It cost way too much!（目の玉が飛び出るほど高かった！）という言い方もあります。

【問題３の答】　(1)

否定語 not の位置を問う問題ですが、〈助動詞＋have＋過去分詞〉の形になると、迷いやすくなります。正解は(1)です。not は助動詞につけるのが正しいのです。(2)はありえない形。(3)は、I should have done NOT that BUT this.「あれじゃなくてこれをすべきだった」のように比較の形になっているときは使われる可能性があります。

問題4
▶英文読解

つぎの英文はあるネイティブの女性がこれから出発する旅の予定を述べたものです。この女性が家に戻ってくるのはいつごろになるでしょうか、選択肢から1つ選びなさい。

I'll be arriving on the last day of September. I'll be in Brisbane for the first few days, and then spend two weeks in Sydney, a weekend in Melbourne and then head for home.

(1) the end of October
(2) the first week of October
(3) the third week of October

問題5
▶日常会話

会社で仕事をしていると、同僚が近づいてきて Guess what? と声をかけてきました。これはどんな意味なのでしょうか。

(1) 何をしてるの？
(2) 何を考えてるの？
(3) あのね

問題6
▶慣用表現

会社の取締役をしていてとても忙しい友人が、ぽそっとこうつぶやきました。I need some R&R. さて、この R&R の意味はつぎのうちどれでしょうか。

(1) リラックスできる休養
(2) 有能な部下とそのヘルプ
(3) 気分転換と遊び

【問題４の答】 (3)

全訳：「私は９月の末日に到着する(arriving)予定です。最初の数日（first few days）はブリスベンで過ごし、シドニーで２週間、メルボルンで週末を過ごしてから家路につきます（head for home）」

a few days は「２、３日」、two weeks が「２週間」、a weekend は「土日の２日間」なので合計すると18〜19日くらいになります。家に帰るのは、帰国する国にもよりますが、だいたい10月の20日前後ということでしょう。ここから正解は(3) the third week of October（10月の第３週）であることがわかります。

【問題５の答】 (3)

guess は「推測する」という意味なので、Guess what？は直訳すると「なんだか推測して？」ということになります。これは、「いまから話すことなんだと思う？」「なんの話がしたいかわかる？」という意味ですが、単に「あのね」という感じで、誰かになにかの話題を切り出すときに使う決まり文句でもあるのです。

【問題６の答】 (1)

正解は(1)のリラックスできる休養です。R&R はもともと軍隊で使われていたもので、Rest and Relaxation（休息とリラックス）の略語です。ここでは I need some R&R. という言い方をしているので、「ゆっくり休養が取りたいなあ」といったニュアンスになります。

単語問題 9

〔A〕つぎの日本語の役職に対応する英語をカッコ内に書きなさい。

(1) 副社長　　　（　　）
(2) 部長　　　　（　　）＊2語で
(3) 課長　　　　（　　）＊2語で
(4) 係長　　　　（　　）
(5) 平社員　　　（　　）

〔B〕つぎのゴミにまつわる日本語に対応する英語をカッコのなかに1語を入れて完成させなさい。

(1) 生ゴミ　　　　　（　　）garbage
(2) 空き缶やビン　　（　　）and bottles
(3) 可燃ゴミ　　　　（　　）garbage
(4) 不燃ゴミ　　　　（　　）garbage
(5) リサイクルゴミ　（　　）garbage

単語問題9の答

〔A〕
(1) 副社長　　　（vice-president）
  ＊アメリカの企業には複数の vice-president がいることがあります。地位や権威の点からみると、日本における部長職に近いかもしれません。
(2) 部長　　　　（general manager）
(3) 課長　　　　（section manager）
(4) 係長　　　　（supervisor）
(5) 平社員　　　（non-management employee）

〔B〕
(1) 生ゴミ　　　　　（raw） garbage
  ＊raw は「生の」という意味の形容詞。kitchen garbage とも言います。
(2) 空き缶やビン　　（cans） and bottles
(3) 可燃ゴミ　　　　（combustible） garbage
  ＊burnable garbage（燃えるゴミ）とも表現できます。
(4) 不燃ゴミ　　　　（noncombustible） garbage
(5) リサイクルゴミ　（recyclable） garbage
  ＊recyclable（リサイクルできる）という形容詞で表現します。

Section 10

問題 1
▶日常会話

今日は朝からずっとアンラッキーなことばかり。「まったく、ついてないなあ」とこぼしたいときのひとこととして、その気持ちが伝わらない言い方はどれでしょうか。
(1) Just my luck.
(2) I lucked out.
(3) I'm having a bad day.

問題 2
▶文法

つぎの文の下線部に入る正しい語を選択肢から1つ選びなさい。

PCs need to be handled with _____ .
(1) careful
(2) care
(3) carefully

問題 3
▶慣用表現

今日の会議の議題は、行き詰まっているプロジェクトについて。いろいろ意見は出ますが、事態を好転させる名案はなかなか見つかりません。そのとき部長が Let's put it on ice. と切り出しました。この put... on ice とはどういう意味でしょうか。
(1) 冷静になる
(2) ボツにする
(3) 棚上げにする

【問題1の答】 (2)

(1)の Just my luck. は不運な出来事が重なったときなどに使うひとことです。また(3)の I'm having a bad day. も「今日はついてないよ」という意味。

ところが(2)の luck は「運良くことを成し遂げる」という意味の動詞。I lucked out. という表現は、「だめになりそうなところで助かった」というポジティブな意味合いになるのです。

たとえば、オフィスに上司が顔を出し、その場にいた人に週末に仕事をするよう言い渡して行ったとします。けれどあなたは、たまたまトイレに行っていて席を外していたため、この対象にならなかった。こんなときのひとことが I lucked out.(難を免れた!)です。

【問題2の答】 (2)

品詞に注意しましょう。(1)は形容詞、(2)は名詞、(3)は副詞です。**前置詞のうしろに来るのは名詞**ですから、(2)の care が正解になります。handle with care は「注意して取り扱う」という意味になるフレーズです。PC は「パーソナルコンピュータ」のこと。

【問題3の答】 (3)

put... on ice は直訳では「…を氷の上にのせる」となりますが、じつはこれは、「保留する」「引き延ばす」「棚上げにする」「待ったをかける」「一時凍結する」などといった意味のイディオムなのです。

問題4 ▶英文読解

音楽のジャンルについて述べたつぎの文の内容と一致する選択肢を1つ選びなさい。

Jazz, rock and roll and the blues all had their roots in the black music of the American Deep South. But while jazz and rock and roll have evolved into many genres, the blues has basically remained the blues!

(1) ジャズとロックのほうがブルースよりも興味深い
(2) ブルースはジャズやロックよりも伝統がある
(3) ブルースにはジャズやロックほどのバリエーションがない

問題5 ▶生活英語

ネイティブの部下にやや強い口調で仕事を依頼したい。つぎの選択肢から適当な表現を1つ選びなさい。

(1) Will you call Jim Smith right now?
(2) Would you call Jim Smith right now?
(3) Call Jim Smith right now!

問題6 ▶日常会話

就業時間終了！　今日は友達に会う予定なので、みんなより先に会社をバタバタと飛び出していくところです。ネイティブのスタッフに「お先に！」と軽く声をかけたいのですが、こんなときに使うとおかしい表現は、つぎのうちどれでしょうか。

(1) I'm off.
(2) I have to go back now.
(3) See you later!

【問題４の答】 (3)

　全訳：「ジャズ、ロックンロール、ブルースはすべてアメリカ最南部地方（American Deep South）のブラックミュージックを起源（roots）としています。しかし、ジャズとロックが多くのジャンルに発展（evolved）していったのと比べ、ブルースは基本的(basically)にはブルースのままで残った（remained）のです」

　２センテンス目の while～の構文で、ジャズ、ロックとブルースとを対照的に描いていることがわかります。「一方で…なのに、もう一方は～」と述べる言い方です。

【問題５の答】 (1)

　Will you...? を使った疑問文は、「～してくれる？」と、やや押しの強いニュアンスの依頼表現となります。

　これに対して Would you...? での依頼文はごくふつうに「～してもらえるかい？」「～してくれませんか？」とやや提案の色彩を含んだニュアンスになります。

　(3)は「今すぐジムに電話しなさい！」と、かなり激しい口調になります。

【問題６の答】 (2)

　英語では、日本語のように「お先に失礼します」というような決まった言い方はなく、(1)の「帰ります」や、(3)の「またね！」などのふつうのあいさつを、「お先に！」という状況でもちいることができます。(2)の go back は「帰る」ではなく「戻る」という意味になるので注意しましょう。

単語問題10

つぎの名前はニックネーム（愛称）で表されたものです。これらの名前を愛称でないじっさいのファーストネームに直してカッコのなかに書きなさい。

(1) Bill （　　　）
(2) Bob （　　　）
(3) Ricky （　　　）
(4) Meg （　　　）
(5) Clint （　　　）
(6) Tom （　　　）
(7) Will （　　　）
(8) Walt （　　　）
(9) Brad （　　　）
(10) Liz （　　　）

単語問題10の答

(1) Bill　（William）
　＊参考例：Bill Gates（ビル・ゲイツ）など。
(2) Bob　（Robert）
　＊参考例：Bob Dylan（ボブ・ディラン）など。
(3) Ricky　（Richard）
　＊参考例：Ricky Martin（リッキー・マーティン）など。
(4) Meg　（Margaret）
　＊参考例：Meg Ryan（メグ・ライアン）など。
(5) Clint　（Clinton）
　＊参考例：Clint Eastwood（クリント・イーストウッド）など。
(6) Tom　（Thomas）
　＊参考例：Tom Cruise（トム・クルーズ）など。
(7) Will　（William）
　＊参考例：Will Smith（ウィル・スミス）など。
(8) Walt　（Walter）
　＊参考例：Walt Disney（ウォルト・ディズニー）など。
(9) Brad　（Bradford）
　＊参考例：Brad Pitt（ブラッド・ピット）など。
(10) Liz　（Elizabeth）
　＊参考例：Liz Taylor（リズ・テイラー）など。

Section 11

問題 1 ▶生活英語

パーティーで知り合いになってだいぶ話し込んだネイティブに、いまの仕事をたずねたい。つぎのうちどの言い方がもっともふさわしいでしょうか。
(1) What's your job?
(2) What do you do?
(3) What's your occupation?

問題 2 ▶慣用表現

果物はなにが好きかとたずねられたので、「リンゴだよ」と答えると、ネイティブの友人は、"That rings a bell." とつぶやきました。このセンテンスの意味をつぎのうちから選びなさい。
(1) 玄関のベルが鳴った！
(2) それで思い出した！
(3) 僕と同じだね！

問題 3 ▶日常会話

デートの待ち合わせ場所に、新しい洋服を着て現れた彼女。
「その服、君にピッタリだね」とほめてあげたい場合、つぎのうちどの言い方をすればいいでしょうか。
(1) It's on you!
(2) It looks great on you!
(3) You look great on it!

【問題１の答】　(2)

What do you do?（あなたはなにをしているのですか？）という聞き方がこの状況にもっともふさわしい表現です。(1)と(3)はパーティーで知り合ったばかりの人などに対してもちいると、かなりぶしつけで失礼な感じに響いてしまうので、ネイティブは使いません。job や occupation などの「職業」という言葉をもちいると、相手が専業主婦であった場合や失業中の場合、嫌な思いをさせてしまうことになる可能性があるからです。

【問題２の答】　(2)

That rings a bell. は直訳すると、「それがベルを鳴らした」という意味ですが、これは誰かの発言を耳にして、なにかを思い出したときなどに、「それで思い出した！」「あっ、思い出した！」「それでピンときた！」といったニュアンスで使われるフレーズなのです。

【問題３の答】　(2)

(2)の It looks great on you! は直訳すると「それは君の上で素晴らしく見える」ということになりますが、これで「その服、君にピッタリ！」というニュアンスを出すことができます。この It looks great on you! は、It's you.（それが君だ！）という形に略されることも多いので、併せて覚えておきましょう。(1)の It's on you! は、文字通り「それがあなたの上にある！」という意味になります。(3)の You look great on it! は相手がなにかの上に立っているような状況で、「その上に立つと、君、立派に見えるね」という意味を表す表現になってしまいます。

問題4　　　　　　　　　　　　　　　　▶慣用表現

資料のなかの、指定された部分だけをきれいにコピーするように言われたネイティブの同僚。なかなかうまくいかないらしく、イライラしながら、I'm all thumbs. とつぶやいています。

このbe all thumbsとして正しいものは、つぎのうちどれでしょうか。
(1) イライラする
(2) お手上げだ
(3) 不器用だ

問題5　　　　　　　　　　　　　　　　▶文法

つぎの日本語の内容を正しく表した英文を選択肢から選びなさい。「ジョンはきっとミーティングを開くことに反対するだろう」
(1) I'm sure John will object having a meeting.
(2) I'm sure John will object to have a meeting.
(3) I'm sure John will object to having a meeting.

問題6　　　　　　　　　　　　　　　　▶英文読解

つぎの英文を読んで、本文の内容と一致しないものを選択肢から1つ選びなさい。

The weather has been really strange this year! I didn't think summer was ever going to come, but wow! Today was a scorcher!
(1) Summer started later than usual.
(2) It has been unusually hot this year.
(3) It was very hot today.

【問題４の答】 (3)

be all thumbs とは「全部が親指」ということで、「とても不器用だ」という意味になります。

確かにすべての指が親指だったら、細かい作業などできそうにありませんね。

thumb を使ったイディオムで有名なものには、このほかに have a green thumb（緑の親指をもっている）=「園芸の才能がある」という表現もあります。

【問題５の答】 (3)

object to... ing で「…に反対する」という意味を表します。object to do のように不定詞が来たり、object... ing のように ... ing 形が直接続くことはありません。

この例のように、前置詞の to の後に ... ing 形（動名詞）が続くパターンは、to 不定詞と間違えやすいので気を付けましょう。

【問題６の答】 (2)

全訳：「今年のお天気は本当に異常（strange）だった。私は夏がもうやってこないかと思っていた。しかし驚いたことに、今日は焼け付く(scorcher)ような一日だった」

(2)だけが本文の内容と一致していません。本文の scorcher という単語は「焼け付くように暑い日」のことで、(3)はこの記述と一致しています。(1)は、2番目のセンテンス I didn't think summer was ever going to come（私は夏がもうやってこないかと思っていた）という記述と一致しています。

単語問題11

つぎの名前はニックネーム(愛称)で表されたものです。これら名前を愛称でないじっさいのファーストネームに直してカッコのなかに書きなさい。

(1) Cindy （　　　）
(2) Billy （　　　）
(3) Debbie （　　　）
(4) Woody （　　　）
(5) Ted （　　　）
(6) Mick （　　　）
(7) Jimmy （　　　）
(8) Eddie （　　　）
(9) Jody （　　　）
(10) Mickey （　　　）

単語問題11の答

(1) Cindy　（Cynthia）
　＊参考例：Cindy Crawford（シンディー・クロフォード）など。
(2) Billy　（William）
　＊参考例：Billy Joel（ビリー・ジョエル）など。
(3) Debbie　（Deborah）
　＊参考例：Debbie Gibson（デビー・ギブソン）など。
(4) Woody　（Woodrow）
　＊参考例：Woody Allen（ウッディー・アレン）など。
(5) Ted　（Theodore）
　＊参考例：Ted Turner（テッド・ターナー）など。
(6) Mick　（Michael）
　＊参考例：Mick Jagger（ミック・ジャガー）など。
(7) Jimmy　（James）
　＊参考例：Jimmy Connors（ジミー・コナーズ）など。
(8) Eddie　（Edward）
　＊参考例：Eddie Murphy（エディー・マーフィー）など。
(9) Jody　（Josephine）
　＊参考例：Jody Foster（ジョディー・フォスター）など。
(10) Mickey　（Michael）
　＊参考例：Mickey Rourke（ミッキー・ローク）など。

Level 3 — さらなる実力を身につける
応用自在の常識英語をトレーニング！

英語を学ぶ人へ贈る言葉

The more we do, the more we can do.
さらにやれば、さらにできる。
　　　　　William Hazlitt（ウィリアム・ハズリット）

When I get old and I look back, I want to regret the things I did, and not the things I didn't do.
年老いて自分の人生を顧(かえり)みたとき、やらなかったことを後悔するより、やったことを後悔したい。
　　　　　George Lincoln（ジョージ・リンカーン）

A problem is your chance to do your best.
困難こそが最善を尽くせる好機である。
　　　　　Duke Ellington（デューク・エリントン）

Section 1

問題1　　　　　　　　　　　　　　　　　▶文法
「散髪に行きました」と言う場合の正しい表現を選べ。
(1) I had my hair cut.
(2) I cut my hair.
(3) I had cut my hair.

問題2　　　　　　　　　　　　　　　　▶慣用表現
ぼんやりしているとネイティブの友人に Get some z's. と言われました。これはどんな意味なのでしょうか。
(1) 深呼吸する
(2) 睡眠をとる
(3) 目薬をさす

問題3　　　　　　　　　　　　　　　　▶英文読解
英文の内容と一致する選択肢を1つ選びなさい。

Developed countries like Japan and the US shouldn't complain about pollution caused by developing countries like Brazil and China, as their own periods of rapid development were equally destructive to the environment.　　　　　　　　＊pollution＝環境汚染
(1) Japan and the US are bigger polluters than Brazil and China.
(2) Brazil and China don't have a pollution problem.
(3) It is hypocritical for Japan and the US to complain.

【問題１の答】 (1)

まず、(2)は論外ですね。これでは「自分で髪を切った」という文になってしまいます。使役動詞の have を使えば「髪を切ってもらう」という意味を表せます。従って(1)が正解。(3)は(1)とよく似ていますが、これでは「過去完了形」の文になってしまいます。

【問題２の答】 (2)

英語のマンガでは、居眠りをしている場面でよくＺＺＺという擬音語が添えてあります。そしてこのＺＺＺを単にＺやｚにして、名詞（居眠り、眠り）や動詞（眠る）として使うこともあるのです。名詞の場合、Z's や z's の形にすることもあります。したがって、Get some z's. は「ちょっと寝たら」という意味になるのです。

【問題３の答】 (3)

全訳：「日本やアメリカのような先進国(developed countries)は、ブラジルや中国のような発展途上国(developing countries) に対して、環境汚染 (pollution) に関して文句をつけるべきではありません。急速な発展(rapid development) の時期には、先進諸国も同じように環境破壊的な行為をおこなってきたからです」

(1)は「日本やアメリカは、ブラジルや中国以上の汚染国家である」という意味になりますが、英文にはありません。(2)は「ブラジルや中国には環境汚染問題はない」とあり、これも英文と不一致です。正解は(3)。hypocritical は「偽善的な」という形容詞。選択肢の意味は「日本やアメリカが苦情を言うのは偽善的です」。

問題4　　　　　　　　　　　　　　　▶生活英語

レストランで食事が運ばれてきたが、注文とは違うものだった。「これ頼んでませんよ」と英語で言いたいが、つぎのうち正しいものはどれでしょうか。

(1) I don't think I ordered this.
(2) This order is wrong.
(3) I got the wrong order.

問題5　　　　　　　　　　　　　　　▶慣用表現

疲れて帰ってきたあと、風呂上がりにビールをぐっと飲み干して、ひとこと「やっぱこれだよな！」と言いたい。つぎのうちふさわしいものを1つ選びなさい。

(1) That hits the spot.
(2) That hits the point.
(3) That hits the mark.

問題6　　　　　　　　　　　　　　　▶日常会話

大事な決断を迫られたときなどに、「一晩考えさせて」と言いたい場合、つぎのうちどの表現が適しているでしょうか。

(1) Let me sleep on it.
(2) Let me sleep through it.
(3) Let me sleep on top of it.

【問題4の答】 (1)

I don't think I ordered this. で「これは頼んでいないと思いますが」という意味が伝わります。(2)は「このオーダー間違ってるよ」といった響きになるぶしつけな言い方です。(3)は「間違ったオーダーを受け取った」という意味で、メールオーダーで間違ったものが届けられたときなどに使われる言い回し。

【問題5の答】 (1)

(1)の hit the spot は「いまの気分[要求、必要]にぴったりきて満足だ」という意味のイディオムなので、これが正解です。

(2)の hit the point は英語にはない表現。(3)の hit the mark は、スピーチなどで的を射た発言をした人に向かって、You really hit the mark!（ホントいいところをついたね！）のような状況で使われるフレーズです。

【問題6の答】 (1)

この場合、英語では sleep on it（それについて一晩考える）という決まり文句を使います。(2)の場合、「そんな状況でも起きていないで寝る」という意味になります。たとえば、There was an earthquake last night, but I slept through it.（昨晩地震があったけど、私は寝ていた）というような状況で使う表現です。

(3)の sleep on top of it は字義どおり「〜の上に寝る」という意味。たとえば、I slept on top of the money so no one would steal it.（私はお金を盗まれないよう、その上で寝た）というような状況でしか使えません。

単語問題1

〔A〕つぎの芸術に関する日本語を英語にしなさい。

(1) 文学　　（　　）
(2) 彫刻　　（　　）
(3) 建築　　（　　）
(4) 演劇　　（　　）
(5) 絵画　　（　　）

〔B〕人をたとえるときに使われる動物を選択肢(a)〜(e)から選び、カッコのなかに記号を入れなさい。

(1) いたずら者　　　　　（　）
(2) 意気地なし　　　　　（　）
(3) 美しくセクシーな女性　（　）
(4) ずる賢い人　　　　　（　）
(5) ばかな人　　　　　　（　）

(a) fox　　(b) chicken　　(c) turkey
(d) snake　　(e) monkey

単語問題 1 の答

〔A〕
(1) 文学　　（literature）
　＊literature「文学」は、「書かれたもの」「印刷物」という意味にもなります。
(2) 彫刻　　（sculpture）
(3) 建築　　（architecture）
(4) 演劇　　（drama）
　＊「悲劇」は tragedy、「喜劇」は comedy と表します。
(5) 絵画　　（painting）

〔B〕
(1) いたずら者　　（e）　monkey（サル）
　＊日米共通でいたずら者のイメージがあります。
(2) 意気地なし　　（b）　chicken（ニワトリ）
(3) 美しくセクシーな女性　　（a）　fox（きつね）
　＊形容詞にして foxy と表現することもできます。
(4) ずる賢い人　　（d）　snake（ヘビ）
　＊聖書の時代からこのイメージは変わりません。
(5) ばかな人　　（c）　turkey（七面鳥）
　＊turkey には「役に立たない」というイメージがあります。

Section 2

問題 1
▶慣用表現

ソフトウェアのインストールの仕方をネイティブの上司に説明しましたが、It's as clear as mud. という返事。このフレーズの意味はつぎのうちどれでしょうか。
(1) 意味がよくわかる
(2) 簡単だ
(3) チンプンカンプンだ

問題 2
▶生活英語

お酒をグラスに注いであげるとき、「ちょうどいいところでストップを言って」と言いたい。つぎのうちどの英語がもっともネイティブらしい言い回しでしょうか。
(1) Say when.
(2) Say stop.
(3) Say okay.

問題 3
▶文法

「ご注文なさってから1週間以内に商品が届かない場合は、弊社(へいしゃ)のこちらの番号までお問い合わせください」という文を作りたい。下線部に前置詞をおぎないなさい。

If you do not receive your order _____ a week of your purchase, please contact us at this number.
(1) in
(2) within
(3) after

【問題1の答】 (3)

(3) as clear as mud という表現は、as clear as crystal（クリスタルのように澄んだ、非常にはっきりした）という表現をもじったもの。crystal を mud（泥）に変えて、「泥みたいにはっきりした」、つまり「まったくわからない」という意味をとても皮肉な言い回しで表現しているものです。したがって、正解は(3)の「チンプンカンプンだ」ということになります。

【問題2の答】 (1)

この場面でのネイティブらしい言い回しは、(1)の Say when. です。これは Say when you want me to stop pouring. を略した言い回しで文法的には正しくありませんが、ネイティブはこの言い方を好んで使います。(2)と(3)も通じないこともないのですが、ネイティブがもっともよく使う典型的な言い方は、Say when. なのです。

このフレーズへの返事として、「それでオッケーです」と相手が注ぐのにストップをかけたいときは、That's good.（それでいいです）あるいは That's fine.（それでかまいません）といった言い方をしましょう。

【問題3の答】 (2)

前置詞 in を用いて in a week of your purchase という表現にすると、ネイティブには「注文したその週」に聞こえてしまいます。within a week ならば誤解なく「1週間以内に」という意味になります。

なお、(3)の after では「1週間買い続けたあと」という変な意味になってしまいます。

問題4　▶英文読解

つぎのメール文と一致する選択肢を選びなさい。

Re： The meeting.
Hi Jim,
Thanks for postponing the meeting until I could get there. Some things came up with a client at the last minute that I had to take care of right away. I am sorry to have put everybody out, but I thought it was important that I be there from the very beginning.
Sincerely,
Jack

(1) 会議は別の日に延期になった
(2) 会議は同じ日の遅い時間に延期になった
(3) ジャックはクライアントに相談することがあった

問題5　▶日常会話

話をすり替えようとしている相手に、「問題をすり替えないで」と言いたい。どの表現が適しているでしょうか。

(1) You're confusing the issue.
(2) Don't change the subject.
(3) Don't change your speech.

問題6　▶生活英語

バーテンダーに向かって、「バーボンをロックで」と英語で言いたい。つぎのどの言い回しが適当でしょうか。

(1) Bourbon on the rocks.
(2) Bourbon on the rock.
(3) Rock Bourbon.

【問題４の答】 (2)

　全訳：「Re：ミーティング。ハイ、ジム！　私が到着(get there)するまで会議を延期(postpone)してくれて助かりました。ぎりぎりの時間に(at the last minute)、あるクライアントのことですぐに片付けて(take care of)おかなければならないことが持ち上がって(came up)しまったのです。みんなに迷惑をかけて(put everybody out)申し訳なかったのですが、どうしても会議のはじめから参加することが必要だったと思っています。
敬具　ジャック」

　(1)の「別の日に延期になった」という部分は誤り。(3)は、some things came up と問題が起きたことには触れていますが、特に相談があったとは言っていません。「私が着くまで会議を延期してくれて」の部分から(2)が正解だとわかります。

【問題５の答】 (2)

　(1)は直訳すると「問題を混乱させないで」という意味になりますが、これは、意図的にではないが相手が本題から話をそらしてしまったような場合に、「話を変えないで」という感じで使う表現です。

　(3)は「話を変えないで」という意味ではなく、「スピーチを変えないで」という意味になります。

【問題６の答】 (1)

　rock のうしろには複数形の s をつけて(1)のように表現しましょう。(2)は「たった１かけの氷だけ入れてほしいのかな」と思われるかもしれません。

単語問題 2

つぎの英語の接頭辞や接尾辞の意味を選択肢(a)〜(j)のなかから選び、カッコのなかに記号を入れなさい。

(1) bio-　　　　　　（　　）
(2) micro-　　　　　（　　）
(3) ultra-　　　　　（　　）
(4) -ism　　　　　　（　　）
(5) -itis　　　　　　（　　）
(6) -ful　　　　　　（　　）
(7) -wise　　　　　（　　）
(8) multi-　　　　　（　　）
(9) re-　　　　　　（　　）
(10) astro-　　　　　（　　）

(a)炎・熱　　(b)微少・微量　　(c)〜の方向に
(d)再・復　　(e)主義・理論・学説
(f)〜に満ちた　(g)限外・超・過　(h)多・多種の
(i)星・天体　　(j)生・生命

単語問題2の答

(1) bio–　　　　　（ j ）生・生命
(2) micro–　　　　（ b ）微少・微量
(3) ultra–　　　　 （ g ）限外・超・過
(4) –ism　　　　　（ e ）主義・理論・学説
(5) –itis　　　　　 （ a ）炎・熱
(6) –ful　　　　　 （ f ）〜に満ちた
(7) –wise　　　　 （ c ）〜の方向に
(8) multi–　　　　（ h ）多・多種の
(9) re–　　　　　 （ d ）再・復
(10) astro–　　　　（ i ）星・天体

それぞれの単語例は、(1) biography（生活史、伝記）、(2) microscope（顕微鏡）、(3) ultraviolet（紫外線の）、(4) fascism（ファシズム）、(5) hepatitis（肝炎）、(6) colorful（色とりどりの）、(7) clockwise（時計回りの）、(8) multinational（多国間の、多国籍の）、(9) reunion（再会）、(10) astronomical（天文学の、天文学的な、莫大な）。

Section 3

問題1 ▶英文読解

つぎの英文はeメールの一部です。メールのなかに出てくる catch という単語と置き換えられるものを選択肢から1つ選びなさい。

You seem really busy now. I'll try to *catch* you when you have more time to talk.

(1) introduce
(2) meet
(3) find

問題2 ▶日常会話

友達が買い出しに行ってくれた。彼に、「いくら払えばいい？」とたずねると、Forget it. という返事。このフレーズの意味として正しいものを1つ選びなさい。

(1) 忘れちゃった
(2) うっかりしてるね
(3) いいからいいから

問題3 ▶慣用表現

ホームステイ先の家庭でのこと。食事をはじめた途端、一番年下の男の子が料理の1つを指しながら Nuke it! と叫びました。この子はなにが言いたかったのでしょうか。

(1) この料理は嫌いだから引っ込めてほしい
(2) 食べ物の量が多いから減らしてほしい
(3) 料理が冷めているから温めてほしい

【問題１の答】 (2)

全訳:「いまはとても忙しそうだから、もっと話す時間があるときに君を捕まえます」

catch someone とは「相手を捕まえる」という意味。日本語でも、誰かと会いたいときに「捕まえる」という言葉を使いますが、それとまったく同じです。この語と置き換え可能なのは(2)の meet ということになります。

【問題２の答】 (3)

この場合の Forget it. は「忘れていいよ」=「支払いは忘れていいよ」という意味。日本語にすると「いいからいいから」という言い回しに近いニュアンスになります。類似表現には、It's okay.（大丈夫だよ）、I'll get it this time.（今回はおごるよ）といった言い方もあります。

【問題３の答】 (3)

nuke とは nuclear (weapon) つまり「核（兵器）」を略し、つづりを変えた語です。新聞などでもよく使われるので、ぜひ覚えておきましょう。たとえば No nukes! は「核反対！」という意味の標語です。

そしてこの **nuke は動詞として「電子レンジで温める」という意味でも使われる**のです。Nuke it. と言えば「これレンジでチンして！」という意味になります。ちなみに「電子レンジ」は microwave (oven) と言います。併せて覚えておきましょう。

Level 3／応用自在の常識英語をトレーニング！　151

問題4　　　　　　　　　　　　　　　　　　▶生活英語

かなり混み合っているレストランに入った。「席は空いてますか？」と英語でたずねるとき、もっともふさわしい言い方を1つ選びなさい。

(1) Are there any chairs available?
(2) Are there any seats available?
(3) Are there any tables available?

問題5　　　　　　　　　　　　　　　　　　▶慣用表現

友人に一泊旅行に誘われましたが、忙しくていけそうにありません。「また今度誘ってね」と英語で言いたいのですが、つぎのうち正しい言い方はどれでしょうか。

(1) I'll take a rain check.
(2) I'll take it next time.
(3) I'll take another invitation.

問題6　　　　　　　　　　　　　　　　　　▶文法

ちょっとフォーマルなパーティーでのできごと。タバコを吸いたくなりましたが、周りでは誰も吸っていません。隣の人に吸ってもいいか、聞いてみましょう。下線部にはなにが入るでしょうか。

　Do you mind _____ I smoke?

(1) when
(2) as
(3) if

【問題４の答】 (3)

英語では、「席が」ではなく「テーブルが」空いているかとたずねるのがふつうです。available は「利用可能な」という意味の形容詞。

(1)は、あとから別の人が来るような場面で Are there any extra chairs available?（余分なイスはありますか？）のように言うときには可能です。

(2)はコンサート会場や映画館などでは使われますが、レストランでは使いません。

【問題５の答】 (1)

(1) rain check とは「雨の日の整理券」のこと。たとえば野球の試合などに行ったのに、雨で延期になってしまった。そんなときにもらうのが、この rain check。そのため、I'll take a rain check. は直訳すると「雨の日の整理券をもらいます」ということになりますが、転じて「今回はいろいろと忙しいのですが、これに懲りず、またつぎの機会にぜひ誘ってください」という、ソフトな断りの表現になるのです。

(2)は「つぎは私が持っていくよ」ということ。また(3)は「別の招待を受けるよ」ということで、いずれの表現も、この場には適していません。

【問題６の答】 (3)

mind は「気にする」「嫌である」という意味の動詞です。ですから、if「もし…なら」を選び、「もし私がタバコを吸ったら嫌ですか？」→「タバコを吸ってもいいですか？」という文を完成させます。

単語問題 3

〔A〕つぎの英単語は数字に関係のあるものばかりです。接頭辞に注意して日本語の意味を書きなさい。

(1) biweekly   (   )
(2) unicorn   (   )
(3) tricolor   (   )
(4) quarterly   (   )
(5) pentagon   (   )

〔B〕つぎの国名を英語に直しなさい。

(1) イギリス   (   )
(2) ドイツ   (   )
(3) オランダ   (   )
(4) トルコ   (   )
(5) ギリシア   (   )

単語問題3の答

〔A〕
(1) biweekly （隔週の、週に二度の）
　＊同じ単語なのに、「隔週」と「週に二度」という別々の意味があることに注意しましょう。
(2) unicorn （ユニコーン）
　＊「一角獣」。uni- は「単一」を表します。
(3) tricolor （三色旗）
　＊「トリコロール」は「フランス国旗」の別称。
(4) quarterly （年4回の、四半期の）
(5) pentagon （5角形）
　＊大文字の Pentagon ならば「米国国防総省」。

〔B〕
(1) イギリス　（the United Kingdom）
　＊UK という略語もよくもちいられます。なお、この国の正式名称は the United Kingdom of Great Britain and Northern Ireland（グレート・ブリテンおよび北アイルランド連合王国）です。
(2) ドイツ　（Germany）
(3) オランダ　（the Netherlands）
　＊Holland という名称もありますが、the Netherlands が正式な国名です。
(4) トルコ　（Turkey）
(5) ギリシア　（Greece）

Level 3／応用自在の常識英語をトレーニング！ 155

Section 4

問題 1
▶慣用表現

友人の話を聞いたあとで、「その話、信じるよ」「それは納得できる」という気持ちを伝えたい。こんなとき、つぎのうちどの表現を使えばよいでしょうか。
(1) I can buy that.
(2) I can get it.
(3) I can believe in you.

問題 2
▶生活英語

同僚が出社時間になっても姿を現さない。上司が He apparently isn't coming. と英語で言ったのだが、これは日本語に訳すとどのような意味になるでしょうか。
(1) 彼はどうも来ないらしい
(2) 彼が来ないことははっきりしている
(3) 彼は絶対に来ない

問題 3
▶文法

英文履歴書を「編集長職に応募いたします」という文で書きはじめようと思っています。

下線部に入れるのに、もっとも適切な表現を1つ選びなさい。

I _____ for the position of editor in chief.
(1) am applying
(2) will apply
(3) am going to apply

【問題1の答】 (1)

「相手の話を信用する」と言いたいときには、(1)の I can buy that. という慣用表現を使えばOKです。(2)は文字通り「それを取りに行ける」という意味です。ただし同じ get でも、I get it. という形にすれば、「わかった、理解できるよ」という意味になります。(3) I can believe in you. は「あなたを頼りにしてもよいと確信している」という意味。

【問題2の答】 (1)

apparent と apparently の使い方では、よく混同が起こります。apparent には「明白な」という意味がありますが、通常副詞の apparently は「明白に」という意味ではもちいられません。**apparently は「どうも〜のようだ」「どうも〜らしい」という意味**でもちいられるのがふつうなのです。

正解は(1)となります。「彼が来ないのは明白だ」と言いたいときには、It's apparent that he isn't coming. と形容詞 apparent を使って表現します。

【問題3の答】 (1)

(2)のように助動詞 will をもちいた場合、自分の強い意志を表すことになり、「私は絶対に応募します」というニュアンスのセンテンスになります。いまこの手紙のなかで応募の意図を表現しているのですから、「〜しています」という言い方になる〈be 動詞＋現在分詞〉の表現をもちいるのが正解です。(3)は「〜するつもりです」の意味になり不正解。

問題4　　　　　　　　　　　　▶慣用表現

休暇で仲間とスキーに出かけると言っていた友人。休暇のあと、彼に「楽しかった？」とたずねると、It went down the tubes. という返事が返ってきました。どういうことなのでしょうか。
(1) お流れになる
(2) 最高である
(3) 足の骨を折る

問題5　　　　　　　　　　　　▶日常英語

同僚に Would you like to come to the party tomorrow? (明日パーティーに来てもらえる？) と聞かれました。「ぜひ行きたい」と言うにはどの返事が適当か。
(1) Sure, if I could.
(2) Yes, I would.
(3) Yes, I would like to.

問題6　　　　　　　　　　　　▶英文読解

つぎの英文はある動物について述べたものです。英文の内容と一致する動物を選択肢から1つ選びなさい。

The male's "job" is to look imposing and intimidating with his large body and beautiful mane. But he actually spends most of the day sleeping! It is the females of the pride who provide the food and care for the small ones.
(1) a peacock
(2) a panda
(3) a lion

【問題４の答】 (1)

ここでの tube は「下水管」のこと。go down the tubes は「下水に流れていってしまう」という意味ですが、ここから転じて「(行事や計画などが) お流れになる」というイディオムとして使われます。

【問題５の答】 (2)

(1)の Sure, if I could. は「行けるなら行きたいが、だめなんです」というニュアンスになります。Sure, if I could I would like to go, but I can't. の省略と考えられます。(3)の Yes, I would like to. も「行きたいのは山々ですが…」というネガティブなニュアンス。正解は(2)の Yes, I would. です。これなら「招待していただけるなら喜んで行きます」というニュアンスになります。

【問題６の答】 (3)

全訳：「オスの仕事 (male's job) は大きな体と美しいタテガミ (mane) をなびかせ堂々 (imposing) と威圧的に (intimidating) 振る舞う (look) ことです。しかし、じっさいにはほとんど一日中を眠って過ごします。餌を与え (provide the food) 子どもたちの世話をする (care for the small ones) のは、群れ (pride) のなかではメスのほうなのです」

mane という単語が解答へのキーワードでした。また本文中の the females of the pride (群れのなかのメス) という語句を読み誤らないようにしましょう。この文では pride は「自尊心」ではなく「(ライオンの) 群れ」の意味で使われています。(1)の peacock は「クジャク」の意。

単語問題4

〔A〕つぎの政治に関する日本語を英語にしなさい。

(1) 国会 　　（　　　）
(2) 首相 　　（　　　）
(3) 政党 　　（　　　）
(4) 選挙 　　（　　　）
(5) 予算 　　（　　　）

〔B〕つぎの英語は犯罪に関する表現です。それぞれ日本語に直しなさい。

(1) robber 　　　　　　　（　　　）
(2) blackmail 　　　　　　（　　　）
(3) fraud 　　　　　　　 （　　　）
(4) sexual harassment 　 （　　　）
(5) murder 　　　　　　　（　　　）

単語問題4の答

〔A〕
(1) 国会　(the Diet)
　＊「国会」の the Diet は「ダイエット」の diet とスペルが同じですが、常に大文字になるので気をつけましょう。
(2) 首相　(prime minister)
(3) 政党　(party)
　＊party はもともと「人の集まり」という意味なのです。
(4) 選挙　(election)
(5) 予算　(budget)

〔B〕
(1) robber　(強盗)
(2) blackmail　(恐喝)
(3) fraud　(詐欺)
(4) sexual harassment　(セクハラ)
　＊直訳は「性的な嫌がらせ」です。
(5) murder　(殺人)

Section 5

問題1　　　　　　　　　　　　　　　　　　▶文法

「もし私があなただったら、そんなことはしないでしょう」という日本語を、正しく英語に訳したものはつぎのうちどれでしょうか。

(1) If I am you, I won't do such a thing.
(2) If I were you, I wouldn't do such a thing.
(3) If I were you, I didn't do such a thing.

問題2　　　　　　　　　　　　　　　　　　▶生活英語

レストランで、店員に「お勘定をお願いします」と英語で言いたい。つぎのうちどの言い方がもっとも適当でしょうか。

(1) We'd like to take the bill.
(2) We'll pick up the bill.
(3) We're ready to leave now.

問題3　　　　　　　　　　　　　　　　　　▶日常英語

ハーブティーが大好きなあなた。友人に、いろいろな種類の「ハーブティーコレクション」を披露しながら、「私、ハーブティーにはまってるの」と言いたい。この気持ちを表す英語として正しいものは、つぎのうちどれでしょうか。

(1) I'm in herbal tea.
(2) I'm into herbal tea.
(3) I'm on herbal tea.

【問題１の答】 (2)

いわゆる「仮定法」の文を正しく英作文できますか。仮定法の場合、「もし…だったら」の部分にくる be 動詞は were になります。そして、「〜だろう」にあたる部分は〈主語＋助動詞の過去形＋動詞の原形〉でしたね。

【問題２の答】 (3)

(1)はあなたが家にお勘定を持って行きたがっていることになります。(2)は「私たちが払いますよ」と言っているので間違い。

(3)が正解です。We'll take the bill now.（お勘定してちょうだい）や Could you bring us the bill, please?（伝票持ってきてもらえます？）という直接的な表現よりも、We're ready to leave now.「食事を終えたので帰ります」と、暗にお勘定をお願いしたいと伝える方がていねいな言い方です。

【問題３の答】 (2)

(1)の表現は、文字どおり「ハーブティーのなかに入っている」という意味になります。

(3)の be on... は「…を常用している、…中毒である」という意味。

たとえば I'm on cocaine.（私はコカイン中毒だ）という感じで使います。

(2)の be into... は「…のなかに入っている」ということですが、この表現で、「…がとても気に入っている」「…に夢中だ」あるいは「…にはまっている」という意味を表すことができるのです。

問題4　　　　　　　　　　　　　　　　　▶英文読解

つぎの英文の内容と一致するものを、選択肢から1つ選びなさい。

It was one of the most popular shows for the first few seasons, but viewers began to complain that the plots were becoming repetitive, and the new cast members lacked the sex appeal and charisma of their predecessors. Diehard fans were sorry to see it go.

(1) シリーズ最終作は大人気だった
(2) 放映中にはずっと大人気だった
(3) シリーズは次第に人気が落ち放映終了になった

問題5　　　　　　　　　　　　　　　　　▶慣用表現

今日初出勤してきた新入社員のアメリカ人。はじめて顔を合わせたとき、彼に Please show me the ropes. と言われました。さて、これはどういうことでしょうか。つぎのうちから選びなさい。

(1) 仕事の要領を教えてください
(2) 会社の概要を教えてください
(3) 社内の人間関係を教えてください

問題6　　　　　　　　　　　　　　　　　▶日常英語

仕事中に同僚が話しかけてきました。細かい作業の途中だったので「ちょっと待って」とひとこと言いたい。このひとこととして正しいものはどれでしょうか。

(1) Hold it.
(2) Hold on.
(3) Hold up.

【問題４の答】 (3)

全訳:「最初の数シリーズは大人気でしたが、話の筋に繰り返しが増えたことで、視聴者 (viewers) に不満が募りはじめました。新たなキャストも、前回のキャスト (predecessors) に比べると、セックスアピールやカリスマ性に乏しいものでした。根っからのファンたちはシリーズ放映が終了することを残念に思っています」

日本語訳を参照してもらうと「最初の数シリーズは大人気だった」「次第に視聴者の不満が募ってきた(人気が落ちてきた)」「根っからのファンはなくなることを残念に思っている」という記述から(3)が正解であることがわかります。sorry to see it go の go はこの場合「なくなる」「消える」「放映が終了する」の意味です。

【問題５の答】 (1)

じつは the ropes には「**仕事のやり方、コツ**」という**意味があります**。これは帆船の帆走法でのロープの扱いに由来するものです。そして show the ropes と言うと、「要領を教える」という意味になるのです。

【問題６の答】 (2)

(1)の Hold it. では、「黙れ」という感じのとても強い命令になってしまいます。(3)はたとえば一緒に歩いている相手が早すぎてついて行けないようなときに、「ちょっと待ってよ、そんなに急いで歩かないでよ」という感じで使える表現です。(2)の Hold on. は「これが終わるまでちょっと待って」というような表現で、ここでの状況にピッタリです。

単語問題 5

〔A〕つぎの映画に関する日本語をカッコの頭文字に合わせて英語にしなさい。

(1) 名作映画　　　　　(m　　　) movie
(2) 大ヒット映画　　　(m/b　) movie
(3) リバイバル映画　　(r　　　) movie
(4) 恋愛映画　　　　　(l　　　) movie
(5) 恐怖映画　　　　　(h　　　) movie

〔B〕アメリカでも、年齢により映画の視聴規制があります。それぞれの規制を表す略語を選択肢(a)〜(e)のなかから1つずつ選びなさい。

(1) 17歳以下不許可　　　　　　　　　　(　)
(2) 17歳以下は両親や大人の同伴が必要（　）
(3) 13歳以下の子どもには不適当な内容を含む（　）
(4) 子どもには適さない内容を含む　　　（　）
(5) すべての年齢に適している　　　　　（　）

(a) G　　　(b) NC-17　　　(c) PG
(d) PG-13　　(e) R

単語問題5の答

〔A〕

(1) 名作映画　（masterpiece）movie
　＊masterpiece は「最高傑作」の意。
(2) 大ヒット映画　（mega-hit/blockbuster）movie
　＊blockbuster は「大ヒット、大成功」の意。
(3) リバイバル映画　（revival）movie
(4) 恋愛映画　（love-story）movie
(5) 恐怖映画　（horror）movie

〔B〕

(1) 17歳以下不許可　（b）「NC-17」
(2) 17歳以下は両親や大人の同伴が必要　（e）「R」
(3) 13歳以下の子どもには不適当な内容を含む　（d）「PG-13」
(4) 子どもには適さない内容を含む　（c）「PG」
(5) すべての年齢に適している　（a）「G」

「NC-17」は NO ONE 17 AND UNDER ADMITTED（17歳以下視聴不可）

「R」は RESTRICTED（規制）

「PG-13」は PARENTS STRONGLY CAUTIONED（両親への強い警告）

「PG」は PARENTAL GENERAL SUGGESTED（両親のガイドを示唆）

「G」は GENERAL AUDIENCES（一般）

Section 6

問題1 ▶日常会話

金儲けなんてちょろいもんだといつもうそぶいている友人のネイティブ男性に、「世の中そんなに甘くはないぞ」とアドバイスしたい。そんなときの表現として正しいものはどれでしょうか。

(1) Things aren't so sweet.
(2) Things aren't so simple.
(3) Things aren't easy.

問題2 ▶慣用表現

日頃から仲良くしている他部署のスタッフが、なんだか浮かない顔をしています。理由をたずねてみると、My boss is pain in the neck. とぽそりとつぶやきました。これはいったいどういう意味なのでしょうか。

(1) 上司がむち打ち症になって苦しんでいる
(2) 上司がうざったい
(3) 上司からクビにされそうだ

問題3 ▶生活英語

オフィスで取引先と電話で話しているのに、ネイティブの同僚が話しかけてきました。「いま電話中なんだ」と英語で表現するとき、つぎのどの言い回しが適当か。

(1) I'm tied up on the phone.
(2) I'm catching up on the phone.
(3) I'm hanging up the phone.

【問題１の答】　(2)

(1)の Things aren't so sweet. は、男女関係がうまくいっていないような場合に使うフレーズです。日本語の「甘い」につられてつい sweet を使ってしまいがちなので注意。(3)は「いろいろとうまくいっていない」という意味の表現。

「世の中そんなに甘くない」は(2)の Things aren't so simple.（物事はそんなに簡単にいくものじゃない）という表現で表すことができます。

【問題２の答】　(2)

pain in the neck は直訳すると「首の痛み」ということ。ここから転じて、「うっとうしい人」「むかつく人」「嫌いな人」などを形容するときに使われるようになったのです。

neck（首）の代わりに、ass（ケツ）を使うと「あいつ、ウザインだよ」というような、下品できついニュアンスになります。

【問題３の答】　(1)

(1)の I'm tied up on the phone. が正解です。be tied up は直訳すると「くくりつけられている」ということ。電話に限らず、「なにかで身動きがとれない状態」であるときにこの表現が使えます。

(2) I'm catching up on the phone. は電話を使って遅れた仕事を取り戻しているようなよくわからない意味に、(3)の I'm hanging up the phone. は「いま電話を切るよ」という意味になってしまいます。

問題4　　　　　　　　　　　　　　　　　▶文法

中曽根元総理のことは知っているかと相手にたずねる場合に、ふさわしい言い回しを選択肢から選びなさい。
(1) Do you know who is Yasuhiro Nakasone?
(2) Do you know who Yasuhiro Nakasone is?
(3) Do you know Yasuhiro Nakasone?

問題5　　　　　　　　　　　　　　　　　▶慣用表現

友人と道を歩いていると、猛スピードのトラックが、友人のすぐ横をかすめて走り抜けて行きました。友人はClose call! と叫んだのですが、どういう意味でしょう。
(1) 警察を呼ぶぞ！
(2) バカ野郎！
(3) 危なかった！

問題6　　　　　　　　　　　　　　　　　▶英文読解

つぎの文と一致する選択肢を1つ選びなさい。

Most people in the world call soccer "football," but to an American "football" refers to a game where the ball is thrown and carried much more than kicked! The world's most popular sport and America's most popular sport may be called the same thing, but the similarities ends there!
(1) Soccer and American football are similar sports.
(2) Soccer and football are two of the most popular sports in America.
(3) In America, "football" does not mean the same thing it means in other parts of the world.

【問題４の答】 (2)

Do you know...? と Who is Yasuhiro Nakasone? という、２つの疑問文を正しく組み合わせる必要があります。なお、(3)は「知り合いですか？」という意味ですから、ここでもちいるのは不適当です。

【問題５の答】 (3)

野球の審判の「ギリギリの判定」を close call と呼びます。そこから転じてできたのがこの close call. というフレーズ。「危なかった」「ギリギリセーフ」と言うときの表現です。

【問題６の答】 (3)

全訳：「世界中の多くの人々はサッカーのことを『フットボール』と呼びます。しかし、アメリカ人にとって『フットボール』と言えば、ボールを蹴るというよりも投げて運んでいくゲームです。世界でもっとも人気の高いスポーツとアメリカでもっとも人気の高いスポーツは、呼び名こそ同じですが、共通点はそこまでなのです」

(1)には「サッカーとアメフトは似たスポーツだ」とあるので不正解。(2)の「サッカーとフットボールはどちらもアメリカでもっとも人気のあるスポーツだ」という記述も本文にはありません。

(3)については、直接の言及はありませんが、本文の２番目のセンテンスから、アメリカではフットボールは蹴るのではなく、投げてつかむことがメインの競技であることがわかり、アメリカでは別のスポーツ（アメリカン・フットボール）を意味していることがわかります。

単語問題6

つぎの日本語を英語に直すとき、カッコのなかに入る1語を書きなさい。

(1) 粉薬　　　　　　(　　) medicine
(2) 液体のクスリ　　(　　) medicine
(3) 丸薬　　　　　　(　　)
(4) 胃腸薬　　　　　(　　) medicine
(5) 頭痛薬　　　　　(　　) medicine
(6) 塗り薬　　　　　(　　)
(7) 貼り薬　　　　　(　　)
(8) スポーツドリンク(　　) drink
(9) 栄養ドリンク　　(　　) drinks
(10) サプリメント　　(　　) supplement

単語問題6の答

(1) 粉薬　　（powdered) medicine
 * powdered は「粉状の」の意。
(2) 液体のクスリ　　（liquid) medicine
 * liquid は「液状の」の意。
(3) 丸薬　　（pill)
(4) 胃腸薬　　（stomach) medicine
(5) 頭痛薬　　（headache) medicine
(6) 塗り薬　　（ointment)
 * There's a fly in the ointment.（軟こうにハエが入っている)→（玉にキズ）という表現もあります。
(7) 貼り薬　　（plaster)
(8) スポーツドリンク　　（sports) drink
(9) 栄養ドリンク　　（vitamin) drinks
(10) サプリメント　　（nutritional) supplement
 * nutritional は「栄養価のある」の意。

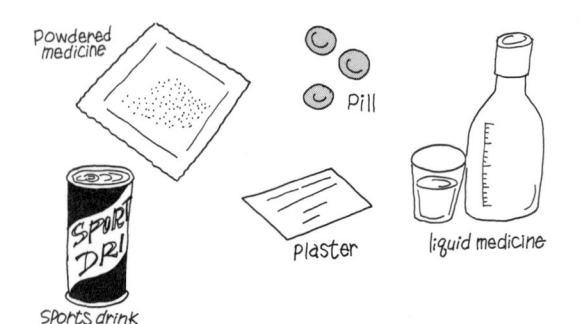

Section 7

問題1 ▶日常会話

彼女のメールにあった oxox という記号の意味は？
(1) 20時ちょうどに会いましょう
(2) じゃあ、またね！
(3) たくさんのキッスと抱擁(ほうよう)

問題2 ▶英文読解

つぎの英文の内容と一致するものを1つ選びなさい。

Exhibitions in Tokyo are often very crowded. Impressionists, like Monet and Renoir, are particularly popular. So if you are thinking of seeing an exhibition to relax, you might be in for a surprise!

(1) The impressionists are more popular than Japanese artists.
(2) Seeing exhibitions in Tokyo is a good way to relax.
(3) Popular exhibitions in Tokyo are stressful.

問題3 ▶文法

「長年にわたるあなたのご厚意に感謝します」という文を作るには下線部になにを入れればよいでしょうか。

I would like to thank you for the kindness you have shown me ＿＿＿＿ .

(1) over the years
(2) for years
(3) during many years

【問題1の答】 (3)

oは「抱擁(ほうよう)」xは「キス」の意味。oxoxは、「たくさんのキスと抱擁」という意味になり、相手への「大好きな気持ち」を伝える記号です。eメールが使われるようになるずっと以前からある記号です。

【問題2の答】 (3)

全訳:「東京の展覧会 (exhibitions) は非常に混雑 (crowded) しています。モネやルノアールのような印象派(impressionists)は特に人気が高いのです。もしリラックスしたくて展覧会を見ようと思っていたとしたら、本当にびっくりさせられることでしょう」

be in for a surprise とは「驚かされる」という意味の熟語で、直前に述べられたことと逆の状況で驚かされるような場面で使われる表現です。この文の要旨は「東京でおこなわれる有名な展覧会は非常に混み合っていて、リラックスなどできない」ということですから、選択肢(3)が正解になります。

【問題3の答】 (1)

(2)では「何年も続けてずっと」という意味になってしまいます。I have known him for years.(彼のことをもう何年も知っています)のような文ならOKですが、「厚意を示す」という行為は「断続的に」おこなわれるもの。そのため、なにかが長期にわたって断続的におこなわれることを示す(1)が正解です。(3) during は during the day「日中」、during the season「季節中」などのように、具体的な語句をともなってもちいる前置詞です。

問題4　　　　　　　　　　　　　　　▶慣用表現

　自分で言うのもなんですが、会社にはかなり貢献しているはず。それなのに、今年はベースアップゼロとのこと。「社長の経営が悪いんだよ」とグチをこぼすと、ネイティブの友人から Join the club! という言葉が返ってきました。この言葉の意味として正しいものはどれでしょうか。
(1) 労働組合を作れよ
(2) 副業をすればいいさ
(3) ぼくも同じような境遇だよ

問題5　　　　　　　　　　　　　　　▶生活英語

　電車のなかで場所をとって腰掛けている男性に「ちょっと詰めていただけませんか？」と英語で言いたい。つぎのうちどの言い方がもっともふさわしいでしょうか。
(1) Scoot over.
(2) Could you move over?
(3) Move your ass!

問題6　　　　　　　　　　　　　　　▶日常会話

　プレゼンテーションの最中、ちょっとまごついてしまいました。そこへ同僚が助け船を出してくれ、なんとか成功することができました。そこで、「君のおかげで助かったよ」とお礼を言いたいのですが、この状況にふさわしくない表現は、つぎのどれでしょうか。
(1) You saved me time.
(2) You saved the day.
(3) You saved my life.

【問題4の答え】 (3)

Join the club! というフレーズは直訳すると「クラブに入りなさいよ」、つまり「わがクラブへようこそ」という意味。

ここから転じて、「私も同じような境遇だよ」「ぼくもなんだよ」と、相手の気持ちを察しながら慰めてあげるときに使うひとことなのです。

【問題5の答え】 (2)

(1)～(3)のいずれの表現も、相手に席を詰めてほしいときに使える言い回しですが、(2)→(1)→(3)の順にていねい度が下がります。

(1)は身内や仲間など親しい人にソファなどの席を詰めてもらうときに使う言い回し。(3)は「ケツをどかせ！」という汚い言い回しです。ですからもっともふさわしい言い回しは「詰めていただけませんか？」というニュアンスになる(2)ということになります。

【問題6の答え】 (1)

(2)の「君がこの日を救ってくれた」、(3)の「君がぼくの命を助けてくれた」という表現は、いずれも「君のお陰で助かった」というニュアンスが出る言い回しです。どちらも、saveは「救う」という意味で使われています。

けれど(1)の場合、saveは「救う」という意味ではなく、「節約する」という意味で使われています。You saved me time. は「あなたのおかげで時間が節約できた」「手間が省けたよ」という意味。誰かがなにかを手伝ってくれたようなときに、お礼の言葉として使う言い回しです。

単語問題 7

〔A〕つぎの人体に関する日本語を英語にしなさい。

(1) 心臓　　　　（　）
(2) 肝臓　　　　（　）
(3) 腎臓　　　　（　）
(4) 胃　　　　　（　）
(5) 腸　　　　　（　）

〔B〕つぎの英語はカラダの汚れなどに関する表現です。それぞれを日本語に直しなさい。

(1) mucus　　　　（　）
(2) perspiration　（　）
(3) fart　　　　　（　）
(4) urine　　　　（　）
(5) feces　　　　（　）

単語問題7の答

〔A〕
(1) 心臓　　（heart）
 ＊heart は「心臓」と「心」の両方の意味を表すことができます。heart attack は「心臓発作」、She broke my heart. は「彼女は私の心を壊した」→「彼女にフラれた」という意味になります。
(2) 肝臓　　（liver）
(3) 腎臓　　（kidney）
(4) 胃　　　（stomach）
(5) 腸　　　（bowel/intestine）
 ＊intestine の方が医学的な響きがあります。

〔B〕
(1) mucus　　（鼻くそ）
 ＊snot あるいは booger などとも呼ばれます。
(2) perspiration　　（汗）
 ＊perspiration はもう1つの sweat（汗）という語よりも医学的な響きになります。
(3) fart　　（オナラ）
(4) urine　　（小便）
 ＊俗語には pee や piss などの呼び方もあります。
(5) feces　　（大便）
 ＊俗語には shit や crap などの呼び方もあります。

Section 8

問題1
▶慣用表現

ネイティブのガールフレンドに、思い切って I love you. とささやいてみました。すると彼女から、Ditto. という返事が返ってきました。この意味として正しいものを1つ選びなさい。
(1) 本当に愛してる?
(2) よしてよ
(3) 私も愛してる

問題2
▶日常会話

「ある曲のタイトルが、のどまで出かかってるけど、どうしても思い出せないんだ」とネイティブの友達に言うと、彼は How does it go? とたずねてきました。この文の意味として正しいものを1つ選びなさい。
(1) それをたずねてどうするの?
(2) どうして思い出したいの?
(3) どんな曲なの?

問題3
▶生活英語

取引先のネイティブスタッフに「どの日が都合がいいですか?」と、つぎの打ち合わせの日取りをたずねたい。つぎのうちふさわしい言い方を1つ選びなさい。
(1) What day works best for you?
(2) When will you have a free day?
(3) When are you due?

【問題１の答】　(3)

　繰り返しを表す記号を ditto mark（〃）と言います。つまり **ditto は「同じ(もの)」という意味**なのです。たとえばミーティングで、だれかが述べた意見に賛同の意を示して、「賛成です」という意味で使うこともできます。類似表現には、Same here.(こちらも同じです)、Me, too.(私も) などがあります。

【問題２の答】　(3)

　How does it go? は直訳すると、「それはどんなふうに行くの？」ということになりますが、じつは go には「行く」という意味のほかに、「曲が……というメロディーになっている」あるいは「歌詞が……という文句になっている」という意味もあるのです。そのため、この How does it go? は、曲のメロディーについて、「どんなやつ？」「どんな曲？」あるいは「どんな歌詞？」とたずねる場合に使えるというわけです。

【問題３の答】　(1)

　(1)の What day works best for you? ならごく自然に都合のよい日をたずねるニュアンスが出せます。work for はここでは「都合がよい」という意味で使われていることにも注意しましょう。

　(2) When will you have a free day? は「いつ、丸一日空いている？」のように聞こえます。また、旅行での話のようで、仕事のことを話しているとは聞こえません。

(3) When are you due? は「赤ちゃんが生まれる予定日はいつ？」のような場合に使われます。

問題4　　　　　　　　　　　　　　　　　▶英文読解

つぎの英文を読んで、内容と一致するものを、選択肢から1つ選びなさい。

Things have gone downhill. You should have seen this place thirty years ago! The streets were spotless, there was no graffiti, and you didn't have to lock your doors at night! Those were the days!

(1) His life was better thirty years ago.
(2) His neighborhood was better thirty years ago.
(3) The neighborhood down the hill is not as nice.

問題5　　　　　　　　　　　　　　　　　▶日常会話

バーでたまたま隣に座った女性に、何度も酒を勧めている隣席の男性。そのうち女性は気分を害した様子で That does it! と怒鳴りました。このフレーズの意味として正しいものはつぎのうちどれでしょう？

(1) もうキレた！
(2) この野郎！
(3) じゃあ、飲んでやるわよ！

問題6　　　　　　　　　　　　　　　　　▶文法

「あとどのくらい待てばいいの？」と聞かれて、「あと2時間待たなければならない」と答えたい。下線に入る適切な語を選びなさい。

We have to wait ＿＿＿＿＿＿ two hours.

(1) more
(2) other
(3) another

【問題４の答】 (2)

全訳:「(昔と比べると物事は)だいぶ悪くなったものだ。この辺りを30年前に見ておくべきだったよ。この通りは汚れ１つなかったし (spotless)、いたずら書き (graffiti) も皆無だった。夜、ドアにカギをかける必要もなかったんだ。あの頃はよかったなあ！」

まず語句の説明をしておきましょう。go downhill は「物事が悪くなる」「凋落(ちょうらく)する」の意味。spotless は「汚れ１つない」という意味の形容詞。graffiti は「(壁などの)落書き」。

Those were the days! は「あの頃はよかった！」と感慨を込めて言うひとことです。

正解は(2)の「彼のうちの近所は30年前にはずっとよかった」となります。ちなみに、(1)の選択肢は「彼の人生は30年前はずっとよかった」、(3)は「近所の坂を下ったところはそれほどよくない」という意味。

【問題５の答】 (1)

意外かもしれませんが、正解は(1)の「もうキレた！」です。That does it! は直訳すると、「それがそれをする！」という意味ですが、ここには「そのアンタの行動が、私を激怒させる！」、つまり「もうたくさん！」「もうキレた！」ということです。

【問題６の答】 (3)

「いままで待った時間とは別に２時間」ということだから、「別の〜」という意味を表す(3)が正解です。このように、another は複数形の名詞の前に来ることもあります。

単語問題 8

つぎの日本語は家族に関する表現です。それぞれを英語に直しなさい。

(1) 曾祖母　　　　　　　（　　）
(2) 曾孫（ひまご）　　　（　　）
(3) 姑（しゅうとめ）　　（　　）
(4) 舅（しゅうと）　　　（　　）
(5) 義理の娘　　　　　　（　　）
(6) 前妻　　　　　　　　（　　）
(7) 再婚相手の子ども　　（　　）
(8) 腹違いの兄弟　　　　（　　）
(9) 継母　　　　　　　　（　　）
(10) 養子縁組　　　　　　（　　）

単語問題8の答

(1) 曾祖母　　　　　　　(great grandmother)

　＊さらに代をさかのぼるには great great……grandmother のように、great を複数書いて表現します。

(2) 曾孫（ひまご）　　　(great granddaughter)

　＊男の子の曾孫の場合は great grandson と表現。

(3) 姑（しゅうとめ）　　(mother-in-law)

(4) 舅（しゅうと）　　　(father-in-law)

(5) 義理の娘　　　　　　(daughter-in-law)

　＊「義理の息子」は son-in-law です。

(6) 前妻　　　　　　　　(ex-wife)

　＊「前夫」は ex-husband と表現します。

(7) 再婚相手の子ども　　(step-child)

(8) 腹違いの兄弟　　　　(half brother)

(9) 継母　　　　　　　　(stepmother)

　＊ step-father（継父）も併せて覚えましょう。

(10) 養子縁組　　　　　　(adoption)

　＊「養子」は adopted son/daughter と表現。

Section 9

問題1
▶英文読解

つぎの英文を読んでから、英語の質問について正しく答えている選択肢を1つ選びなさい。

Tropical rainforests have been called the "lungs of the earth." They are disappearing at an alarming rate, with consequences for the whole planet.

質問：Why are rainforests so important?
(1) They supply lots of oxygen to the atmosphere.
(2) They are an important timber supply.
(3) They help prevent lung cancer.

問題2
▶慣用表現

ウソをついている子供に向かって、「それは見え見えのウソね」と英語で言ってやりたい。つぎのうちどの表現を使えばいいでしょうか。
(1) That's a transparent lie.
(2) That's a see-through lie.
(3) That's a white lie.

問題3
▶文法

「ジョージはたくさん仕事をかかえている」を正しく表している英文はつぎのうち、どれでしょうか。
(1) George has plenty work to do.
(2) George has plenty of work to do.
(3) George has a plenty of work to do.

【問題１の答】　(1)

　全訳：「熱帯雨林（tropical rainforests）は『地球の肺』と呼ばれてきたが、地球全体に深刻な被害(consequences)を与えながら危機的な速度 (alarming rate) で消滅しつつある」

　まず質問が「どうして熱帯雨林はそれほど重要なのか？」という意味であることを確認しておきましょう。英文のなかで熱帯雨林の機能について述べられているのは、「熱帯雨林は『地球の肺』と呼ばれてきた」という部分だけですから、正解は(1)の「熱帯雨林は大気中に大量の酸素を供給している」ということになります。(2)の timber は「木材」、(3)の lung cancer は「肺ガン」の意。また、文中の with consequences for〜は「〜に大きな被害を与えながら」という意味。

【問題２の答】　(1)

「見え見えのウソ」と言うときは「透明なウソ」、つまり transparent lie というフレーズを使います。(2)の see-through lie は通じなくはありませんが、ネイティブは使わない言い方で、不自然です。(3)の white lie は「悪意のないウソ」という意味です。

【問題３の答】　(2)

　plenty の品詞はわかりますか？　じつは、形容詞ではなくて名詞なのです。そのため、(1)のように名詞 work の前に直接置くことはできません。また plenty は不可算名詞なので、不定冠詞の a はつきません。**plenty of〜で「たくさんの〜」**と覚えておきましょう。

Level 3／応用自在の常識英語をトレーニング！ 187

問題4 ▶生活英語

大切なミーティングを間近に控えています。ところが、あるネイティブの同僚は、どうもそのことを忘れている様子です。そこで念のためにこう言ってみました。Don't forget the meeting on Friday.（金曜日のミーティング、忘れないようにね）。

すると彼の返事は Don't remind me. でした。これはどんな意味なのでしょうか。

(1) そのことは考えたくないんだ
(2) わかってるよ
(3) 忘れるところだったよ

問題5 ▶日常会話

オフィスの入り口のドアが開いているので同僚に閉めてもらいたい。つぎのうち、どの言葉で声をかけるのがいいでしょうか。

(1) Do me a favor.
(2) Help me!
(3) Somebody, please help!

問題6 ▶慣用表現

あるものの名前がどうしても思い出せません。英語で「あの、ぼくのあれ、見なかったかい？」とたずねたいのですが、この場合の「あれ」にあたる英語表現としてふさわしくないものを1つ選びなさい。

(1) whajamacallit
(2) thingamajig
(3) whojamagee

【問題4の答え】 (1)

素直に考えれば正解が出る問題です。remind は「〜に思い出させる」という意味なので、Don't remind me. は直訳すると「思い出させないでよ」という意味になります。つまり「それについては思い出したくない、考えたくない」ということ。

この同僚はミーティングの準備が間に合わず、あせっていたので、ミーティングのことを話題にしたくなかったのでしょう。

【問題5の答え】 (1)

ちょっとしたことを依頼するときによく使われるのは、(1)の Do me a favor.（ちょっとお願いできる？）というひとことです。

(2)の Help me! は危険などが迫っているときの叫び声。(3)の Somebody please help! は「だれか急いで手伝って！」といったニュアンスになるひとことです。

【問題6の答え】 (3)

(1)の whajamacallit（what-you-may-call-it の発音つづりで、whachamacallit とも言います）と(2)の thingamajig はともに、物の名前が出てこないときに、「名前がわからないけど、あれ」という意味合いで使われます。

(3)の whojamagee は、人の名前が思い出せないときに、Last night, I talked to...whojamagee.（昨夜、あの人と話したよ、ほら、あの人）といった具合に使います。それぞれの語頭が、(1)は wha(t)、(2)は thing、そして(3)は who となっている点を見れば、納得できますね。

単語問題 9

つぎの病院の診療区分に関する英語を日本語に直しなさい。

(1) internal department　　　　（　）
(2) surgery department　　　　（　）
(3) pediatrics department　　　（　）
(4) obstetrics department　　　（　）
(5) dental surgery department　（　）
(6) ophthalmology department　（　）
(7) ear, nose and throat department

　　　　　　　　　　　　　　　（　）
(8) dermatology department　　（　）
(9) gynecology department　　　（　）
(10) psychosomatic medicine department

　　　　　　　　　　　　　　　（　）

単語問題9の答

(1) internal department　　（内科）
(2) surgery department　　（外科）
　＊surgery は「外科手術」のこと。
(3) pediatrics department　　（小児科）
(4) obstetrics department　　（産科）
(5) dental surgery department　　（歯科）
(6) ophthalmology department　　（眼科）
　＊ophthalm- が「目」を表しています。
(7) ear, nose and throat department　　（耳鼻咽喉科）
(8) dermatology department　　（皮膚科）
(9) gynecology department　　（婦人科）
(10) psychosomatic medicine department　　（心療内科）
　＊psychosomatic は「心身に関する」、medicine は「内科（学）」の意。

Section 10

問題1
▶生活英語

空を見上げていると、顔見知りに How do you like this weather? とたずねられた。なんと言ったのでしょうか。
(1) 気持ちのいい天気だね
(2) このお天気どう思う?
(3) 近頃はおかしな天気だね

問題2
▶日常英語

ボーイフレンドの家に遊びに行ったら、彼が慣れない手つきで包丁を手にして、料理を作ってくれようとしています。けれど、あまりに危なっかしくて、見ていられなくなり、ついに「代わってあげようか?」と声をかけてあげることにしました。なんと言えばよいでしょうか。
(1) Do you want to change?
(2) Do you want to take over?
(3) Do you want me to do that?

問題3
▶文法

下線部に正しい語を入れて、「東京の人口は、大阪の人口よりも多い」という文にしなさい。

The population of Tokyo is larger than _____ of Osaka.

(1) one
(2) it
(3) that

【問題１の答】 (3)

日本人的に解釈すると(2)のようにたずねられたのかと思うかもしれませんが、これは間違い。じっさいには、不順な天候が続いているときなどに挨拶代わりに使われるフレーズで、「近頃はおかしな天気だね」「近頃、天候が不順だね」といった意味になります。返事としては、I know! It's been crazy recently!（そうだなあ！　最近ホントに異常だよね）といった言い回しが適当でしょう。

【問題２の答】 (3)

(1)の Do you want to change? では、「あなた、（なにかに）変わりたいの？　変身したいの？」という意味になってしまいます。(2)の take over は「代わる」という意味ですが、このままでは「あなたが代わりたい？」という意味になってしまいます。ここでは「私にして欲しい？」とたずねたいわけなので、目的語に me を置いた、Do you want me to take over?（私に代わってほしい？）という表現にしなければなりません。

(3)は「それを私にやって欲しい？」という意味なので、「交代してあげようか？」という意味として通じます。

【問題３の答】 (3)

正解は(3)の that。The population of Tokyo is larger than the population of Osaka. のように同じ語を反復してもちいることを避けるために使います。

なお、The population...is larger となっているように、英語では「人口」が「多い」ことを "large" で表します（「少ない」場合は "small" です）。

問題 4
▶英文読解

子どもの教育について述べたつぎの文の内容と一致する選択肢を1つ選びなさい。

Children learn more when they are interested in what they are being taught. To teach children well, don't just give them a lot of facts to remember. Make learning fun by reading them stories and giving them games to play. Think about the things you liked to do when you were a kid, and bring that into the classroom when you teach.

(1) Kids don't know how to play together anymore.
(2) Kids tend to get bored in traditional classrooms.
(3) Kids don't have good memories.

問題 5
▶慣用表現

ヘビースモーカーの友人に「タバコはどうしたの？」とたずねると、I quit cold turkey. という返事。quit cold turkey とはどういう意味でしょうか。

(1) いやいやながらやめる
(2) きっぱりとやめる
(3) ついにやめる

問題 6
▶生活英語

ネイティブの友人に「手続きが面倒だよ」と英語で言いたいとき、もっとも適切な表現を選びなさい。

(1) There's a lot of red tape.
(2) It's a big red herring.
(3) You'll get the red carpet treatment.

【問題４の答】　(2)

　全訳：「子どもたちの学習効果は、教えられていることに興味を覚えると (interested) 高まります。子どもたちを上手に教える (teach) には、覚え (remember) なければならないことばかりをたくさん与えてはいけません。子どもたちにお話を読んだり、ゲームを与えたりして学習を楽しいものにしましょう。自分が子どもの頃 (when you were a kid) 好きだったことを考え、あなたが教えている教室に持ち込めば (bring that into the classroom) いいのです」

　２番目と３番目のセンテンスから、選択肢(2)が正解であることがわかります。

【問題５の答】　(2)

　cold turkey（冷めた七面鳥）には、「依存症の患者から麻薬、アルコール、タバコなどをいきなりとりあげる」という意味があります。こうすることから生じる禁断症状も、cold turkey と呼びます。そしてここから、quit [go] cold turkey という表現で、「きっぱりとやめる」という意味のイディオムとして使われます。

【問題６の答】　(1)

　この表現は、18世紀はじめにイギリスで公文書を束ねるのに使われた赤いひもに由来しています。ここから「官僚的」「お役所主義」という意味でこの表現がもちいられるようになったわけです。(2)の red herring は「人をあざむくもの」の意味です。(3) red carpet treatment は「赤いじゅうたん」つまり「丁重なもてなし」の意味です。

単語問題10

つぎの英語は和食に関するものです。英語と一致する日本語を、カッコのなかに書き入れなさい。

(1) fermented beans （   ）
(2) seaweed sheets （   ）
(3) beef bowl （   ）
(4) grated radish （   ）
(5) sweet cooking sake （   ）
(6) boiled rice with tea （   ）
(7) bowl of eel and rice （   ）
(8) soy-sauce （   ）
(9) dried bonito flakes （   ）
(10) grated green horseradish （   ）

単語問題10の答

(1) fermented beans （納豆）
  ＊fermented は「発酵させた」の意。
(2) seaweed sheets （海苔(のり)）
  ＊seaweed は「海藻」、sheet は「シート」。
(3) beef bowl （牛丼）
  ＊bowl は「丼」です。
(4) grated radish （大根おろし）
  ＊grated は「すり下ろした」という意味。
(5) sweet cooking sake （みりん）
(6) boiled rice with tea （お茶漬け）
  ＊boiled rice は「ご飯」のこと。with tea は「お茶の入った」。
(7) bowl of eel and rice （うな丼）
(8) soy-sauce （醬油）
  ＊soybean（大豆）が原料なので、soy-sauce（大豆ソース）と表現されます。
(9) dried bonito flakes （鰹節）
  ＊直訳すると「乾燥したカツオのフレーク」。
(10) grated green horseradish （おろしワサビ）

Section 11

問題 1
▶慣用表現

会社主催のパーティーでのこと。ネイティブの同僚がそっと近づいてきて、あなたの耳に小さな声でこうささやきました。"XYZ."。このXYZとは、いったいどういう意味なのでしょうか。
(1) 社長がいるから注意しろ
(2) (お目当ての) 彼女が来てるぞ
(3) チャック開いてるよ

問題 2
▶文法

下線部に単語をおぎなって、「エイミーは目を閉じて、ソファーに座っていた」という英文を完成させなさい。

Amy was sitting in the sofa with her eyes ___.

(1) closed
(2) close
(3) closing

問題 3
▶日常会話

ネイティブの友人が、なんだか浮かない顔をしています。ちょっと心配なので、「何かイライラすることでもあるの？」と軽く声をかけたいのですが、こんなときに使えるのは、つぎのうちどの言い回しでしょうか。
(1) What's eating you?
(2) What's the matter with you?
(3) What's the matter?

【問題1の答】 (3)

このXYZはExamine your zipper.の短縮形です。examineは「調べる」、zipperはもちろんズボンの「ジッパー」「チャック」のこと。つまり、「社会の窓、開いてるぞ！」という意味なのです。ちなみにYour fly is open.（君、チャックが空いてるよ）も同じ意味です。

【問題2の答】 (1)

「…した状態で」という表現をする際に使うのが、この「付帯状況」のwithです。**withＡＢで「ＡがＢである状態で」という意味になります**。この問題ではher eyesが「閉じられた」状態であるわけですから、受け身を表す(1)の過去分詞closedが正解になります。

【問題3の答】 (3)

(1)のeatには「人をイライラさせる」という意味があります。ふつう進行形be eatingの形でもちいます。そのため、What's eating you?は「なにがあなたをイライラさせてるの？」という意味になり、ここで使えるように思えます。

しかしこれは、自分はなにもしていないのに、相手が自分に対していらついているように見えるときに「私、なにかした？　文句でもある？」というニュアンスでもちいる表現で、この場合には失礼になります。

(2)のWhat's the matter with you?もニュアンスとしては(1)と同じ。ところが、この表現からwith youを省き、(3)の形にすると、「どうしたの？」と心配して声をかけるときに使える表現になるのです。

Level 3／応用自在の常識英語をトレーニング！　199

問題4　　　　　　　　　　　　　　　　　▶生活英語

友人とレストランに行ったときのこと。「このステーキ、とてもやわらかいね」と英語で言いたいのだが、つぎのうちどの表現が適切でしょうか。

(1) This steak is really rubbery.
(2) This steak is really soft.
(3) This steak is really tender.

問題5　　　　　　　　　　　　　　　　　▶慣用表現

転職を考えているところです。けれどうまくいくかどうか心配で、なかなか実行に移せません。そんなとき、ネイティブの友人からこう言われました。We'll cross that bridge when we get to it. この表現は、どういう意味なのでしょうか。

(1) そうなったら、あきらめればいいよ
(2) そうなったときに考えればいいさ
(3) そうなっても、断固頑張り抜こう

問題6　　　　　　　　　　　　　　　　　▶英文読解

つぎの文章と内容が一致するものを、選択肢から1つ選びなさい。

"I couldn't believe Jack had medical training of any kind with the skills that he had," said Alice Green, a nurse at the hospital where the phony doctor worked for three months.

(1) Alice was impressed by Jack's skills as a doctor.
(2) Alice thought Jack was an experienced doctor.
(3) Alice suspected that Jack wasn't a doctor.

【問題4の答】 (3)

(1)の rubbery は「やわらかい」という意味ではなく「ゴムみたいにかみ切れない」という意味。(2)の soft はアイスクリームやケーキなどには使えますが、肉には使えない表現です。

【問題5の答】 (2)

We'll cross that bridge when we get to it. は直訳すると「橋は着いたときに渡ろう」となりますが、ここから転じて「そうなったときに考えればいいことだ」という意味の常套句として使われる表現です。心配性の人に向かって使うのにもってこいのひとことですね。

【問題6の答】 (3)

全訳:「『彼の技術からすると、ジャックが医者としての修業 (medical training of any kind) を受けているとは思えません』と、ニセ医者 (the phony doctor) が3カ月勤務していた病院の看護師、アリス・グリーンは語った」

I couldn't believe (that) 〜は「〜と信じることはできない」。with the skills that he had「彼が持っていた技術からすると」の意味です。

選択肢(1)は「アリスはジャックの医者としての技術に感銘を受けた」と、ジャックをたたえるもの。(2)も「アリスは、ジャックは経験のある医者だと思った」とジャックに好意的です。この2つは、the phony doctor に対する評価ではありません。

(3)の「アリスはジャックが医者ではないのでは、と疑っていた」が正解。

単語問題11

〔A〕英語ではよく色であるものの状態を表したり、また、言い換えをしたりすることがあります。以下の単語を象徴する色をカッコのなかに英語で書きなさい。

(1) coward （　　）
(2) anger （　　）
(3) depression （　　）
(4) envy （　　）
(5) （too）simple （　　）and（　　）

〔B〕つぎの英語は動物の鳴き声を表したものです。それぞれの鳴き声に対応する動物の名前を英語で書きなさい。

(1) cock-a-doodle-doo （　　）
(2) bowwow （　　）
(3) meow （　　）
(4) heee （　　）
(5) oink （　　）

単語問題11の答

〔A〕
(1) coward［臆病］　　　　　　　（yellow）
(2) anger［怒り］　　　　　　　　（red）
(3) depression［憂鬱(ゆううつ)］　　　　　（blue）
(4) envy［嫉妬(しっと)］　　　　　　　（green）
(5) (too) simple［単純(すぎる)］　（black）and（white）

〔B〕
(1) cock-a-doodle-doo　（chicken）
＊「クッカドゥードゥルドゥー」と鳴くのは「ニワトリ」です。
(2) bowwow　（dog）
＊「バウワウ」と鳴くのは「犬」。
(3) meow　（cat）
＊「ミーアオ」は「猫」の鳴き声。
(4) heee　（horse）
＊「ヒー」と鳴くのは「馬」。これは日本語とほぼ同じです。
(5) oink　（pig）
＊「ブタ」は「オインク」と鳴きます。

あとがき

お疲れ様でした。大変でしたか？

英語を勉強している日本人の方と接していると、意外に基本的なところがスポッリ抜け落ちている人が多いことに驚きます。

500問解き終えたいま、自分の弱点が明かになり、今後、どこを重点的に勉強すればよいかが見えたことでしょう。

この本は、これから本格的に英語を学習する人のための道しるべとして書いたものです。今回、問題を解いたことでわかった自分の実力と、習得した知識を財産に、さらなる英語力向上のための学習に励んでいただければ幸いです。

最後に、本書を執筆するにあたって、弘田春美氏、岡悦子氏、森田修氏、ネイティブ・スタッフとしてアンディ・バーガー氏の各位にお世話になりました。心よりお礼申し上げます。

夢新書のマスコットは"知の象徴"と
されるフクロウです(マーク:秋山 孝)

知らないと恥ずかしい
常識な英語500問

2005年11月5日　初版発行

著者 —— ディビッド・A・セイン
　　　　　長尾和夫

発行者 —— 若森繁男

発行所 —— 株式会社河出書房新社

〒151-0051　東京都渋谷区千駄ヶ谷2-32-2

電話(03)3404-1201(営業)

http://www.kawade.co.jp/

企画・編集 —— 株式会社夢の設計社

〒162-0801　東京都新宿区山吹町261

電話(03)3267-7851(編集)

装幀 —— 印南和磨

印刷・製本 —— 中央精版印刷株式会社

© 2005 Kawade Shobo Shinsha, Publishers
Printed in Japan　ISBN4-309-50309-8

定価はカバーに表示してあります。落丁・乱丁はお取り替え致します。
本書の無断複写(コピー)は著作権法上での例外を除いて禁止されています。
なお、本書についてのお問い合わせは、夢の設計社までお願い致します。

楽しい未知との出会い！　KAWADE 夢新書

メール文から性格を見ぬく方法
その人の人間性や本心が、文章のここに出る！
齊藤　勇

本当はいったいどんな人？ 何を考えているの？ メールの言葉や文体から、その人を心理分析できる！

(S281)

ふしぎな心理実験室
〈絵解きテスト版〉
渋谷昌三

誰もが気になる「心の奥」がズバリ見えてくる！「わたし」とあの人」をウオッチングする実践本。

(S282)

頭がいい人の習慣術
〈実践ドリル版〉
小泉十三

この課題をあなたならどう突破するか。仕事のキレと厚み、柔軟性が増す、ベストセラーの第2弾！

(S283)

宣伝費ゼロ時代の新しいPR術
低予算で商品や会社を知らしめる知恵と方法
高橋眞人

マスメディアを戦略的に活用し、コストをかけずに絶大な効果を生み出す"新しい宣伝技法"を伝授！

(S284)

性格テスト
あなたを心理分析する
浅野八郎

気づかなかったもう一人の自分に出会う驚き！ ゲーム感覚で楽しめる摩訶不思議な「自分探し」の本。

(S285)

情報をムダにする人 活かす人
仕事のできる人は実行している"超情報整理術"
速水　遼とワーキングネット21

情報をどう集め、どう活かし、どう捨てるか…使える情報だけを徹底的に活用する、超情報整理術！

(S286)

楽しい未知との出会い！　KAWADE夢新書

人脈づくりがうまい人の習慣術
"頼れる人脈"の作り方、育て方

中島 一

人脈はどうすれば広がり、育てていけるのか。できる人が身につけている、この技術を実践しよう！
(S287)

アメリカ人の国民性がよくわかる英語
日本人との考え方の違いは、こんな英語に見てとれる

ディビッド・A・セイン

英語のよく使われる言い回しから、アメリカ人の本質が見えてくる。彼らはこんなことを考えていた！
(S288)

日本人なら知っておきたい武士道
誤解だらけの武士道の、本当の姿が見えてくる

武光 誠

死を美化するのが真の武士道ではない。武士の発祥をたどると見えてくる、真の武士の生き様とは。
(S289)

常識として知っておきたいクラシック音楽50
あの名曲と作曲家についての教養が手軽に身につく本

中川右介

あの名曲、あの作曲家の意外なエピソードを知れば、クラシック音楽がもっと身近に楽しめる！
(S290)

女の本音はここでわかる
彼女たちの願望や本心は、こんな態度や言葉に表れる

川畑英里花

男にとってとかく不可解な女心。でも、しぐさや会話、態度に注目すれば、その真意が見えてくる！
(S291)

海から来た日本史
有史以降の海外交流から見えてくる日本の歴史の意外な真相とは――

武光 誠

歴史を変えたのは、海を越えてきた文化だった。日本史が新たな視点から浮かびあがる対外交流史。
(S292)

楽しい未知との出会い！　KAWADE夢新書

頭がいい人の45歳からの習慣術　小泉十三
自分を磨き、人生をさらに充実させるヒント

はて、私の人生はこれでいいのだろうか。仕事、家庭、人間関係、遊び、健康…を充実させるヒント。(S293)

知らないと怖い生活習慣病の話　東　茂由
なにが、どう怖いのか？ どう防ぐか？

がん、糖尿病、高血圧…知っているようで知らない"怖くて身近な病気"の意外な現実。必読の警告書！(S294)

あなたの英語では誤解をまねく　ディビッド・A・セイン／長尾和夫
それを言いたいときは、この英語！

なぜ日本人の英語は的確に伝わらないのか？ あなたの英会話を三択問題でネイティブ・チェック！やさしい"知"の実践本。(S295)

哲学者たちは何を知りたかったの？　飛岡　健
はたして、彼らは"答え"を見つけられたのか…

幸福とは、欲求とは、人生とは、死とは？ 人と世の見え方が一変する、やさしい"知"の実践本。(S296)

老人の「複雑な思い」をわかってあげる本　林千世子
老いゆく親の胸の内を知るためのヒント

高齢の親と子の、微妙なスレ違いや対立はなぜ起こるのか？ 親子の、あるべき向き合い方を探る。(S297)

部下は上司のここを見ている　野村正樹
尊敬されるリーダーと、バカにされる上役の違いとは？

部下が抱く不満から、上司の致命的欠点が浮かび上がる。理想の上司になるための"苦い良薬"の書。(S298)

楽しい未知との出会い！ KAWADE夢新書

早わかり図解版 営業の教科書　大嶋利佳

賢い営業マンは、密かにこれを実践している！

立ち居振る舞い、言葉づかい、話の進め方…デキる営業マンの㊙ポイントがひと目でわかる実践書。

(S299)

日本人なら知っておきたい「和」の知恵　藤野 紘

あらためて、先人たちのアイデアとセンスに驚かされる本

足袋、ぬか漬け、床の間…「和」モノに秘められた衣・食・住の知恵には今を生きる重要なヒントが！

(S300)

医者に遠慮する患者は長生きできない　中原英臣

医者のかかり方、これだけは知りなさい！

症状を的確に伝え、納得して治療を受けていますか？わが身を守るための"かしこい患者学"の本！

(S301)

「頭がいい人」と言われる文章の書き方　小泉十三と日本語倶楽部

文章のうまい、ヘタはここで差がつく！

テーマ選択、話の組み立て、表現テクニック…誰でもすぐ実践できて効果的な珠玉のノウハウを伝授。

(S302)

儲けのトリックが面白いほどわかる本　今村研司

客の心理を巧みに操る仕掛けとは

商いの達人たちが編み出した"顧客操縦術"のすべて。ビジネスにも生活にも役立つヒントが満載！

(S303)

楽しそうに生きてる人の習慣術　野口京子

"心がいつも疲れている自分"とサヨナラする方法

ほんの少し、考え方と行動を変えるだけで、毎日が劇的に変わる！読むだけで気持ちが楽になります。

(S304)